Суды

небесные

для новичков

Суды небесные

для новичков

Рональд Монтейн

Опубликовано издательством Seraph Creative

Суды небесные для новичков

Практическое руководство по выступлению с иском в небесных судах

Опубликовано издательством Seraph Creative

www.seraphcreative.org

Автор: Рональд Монтейн

Консультанты: Арьян Хульсберген, Мейндерт Ван

Редакторы: Джим Брайсон, Дайэн Хелман

Дизайн обложки: агентство Feline Graphics

www.felinegraphics.com

Перевод текста книги и редактура русского текста - Павел Лыков - pavel@lykov.online

Информация в этой книге подготовлена с максимальной тщательностью. Издатель и автор прямо исключают любую ответственность за любые прямые или косвенные убытки или ущерб любого рода, понесенный в результате использования информации, содержащейся в этой книге.

Для работы с этой книгой доступна рабочая тетрадь (приобретается отдельно). Тетрадь для работы с книгой «Суды небесные для новичков»

Отзывы

Книга «Небесные суды для новичков» Рональда Монтейна настоятельно рекомендуется к изучению не только тем, кто делает свои первые шаги и перемещения по мирам небесным. Этот труд предназначен для всех, включая опытных наставников. В нем детально изложены нормы деятельности небесных судов. Книга поможет значительно сэкономить ваше время, так как является своего рода практическим руководством, разъясняющим важные аспекты, способствующие глубокому пониманию мистических переживаний.

В этом труде Рональд Монтейн предлагает поэтапный алгоритм обращения в небесный суд, а также разъясняет, каким образом следует упорядочить наше внутреннее пространство, чтобы достичь успеха в прохождении через эти инстанции. Автор демонстрирует, как такие чувства, как ненависть внутри нас, и прочие негативные эмоции способны затруднить не только наше восприятие, но и эффективность действий в этих судах.

«Суды Небесные для новичков» представляет собой своего рода духовную технологию, раскрывающую этапы пути тех, кто странствует по небесным мирам. В своем произведении Рональд Монтейн подчеркивает, что, несмотря на разнообразие наших опытов взаимодействия с мирами Отца, существует одно непреложное правило: каждый обязан соблюдать установленные Писанием процедуры и относиться к ним с должным почтением. Данный процесс автор описывает четко и обстоятельно. Доступ к небесным судам и взаимодействие с ними открываются лишь тогда, когда читатель позволит Святому Духу преобразовать и изменить вашу сущность.

Достижение такой высоты и есть средство повышения духовного сознания, что, в свою очередь, является ключом к эффективности использования технологии судов. На самом деле то, что сделало этот процесс трудным для многих новичков — это путаница, сопровождающая восхождение.

Данный труд — нечто большее, чем простое пособие для новичков; он также служит действенным инструментом самоконтроля даже для ветеранов. Книга создана для того, чтобы предоставить читателю подлинное введение в миры мистики, укрепить его в библейском фундаменте при исследовании этих сфер. С удовольствием рекомендую её всем ищущим.

Д-р Адония О. Обоннайя, www.aactev8.com июнь 2019 г.

С огромным удовольствием рекомендую учебник Рональда о небесных судах. Когда я впервые столкнулся с подобным подходом к ходатайствам, у меня возникли серьёзные сомнения относительно его правомерности. Тогда я боролся с финансовыми проблемами, и наш общий знакомый познакомил меня с Беверли Уоткинс. Я согласился принять участие в сеансе молитвенного общения по Skype, все это происходило около двух лет назад. Именно этот опыт в присутствии Божьем преобразовал моё сердце, а вслед за ним и ум. С тех пор мы с Беверли молились вместе с десятками людей, как онлайн, так и очно, и каждая молитва приносила ощутимые плоды.

Осенью 2017 года мы отправились в Нидерланды и открыли книгу этой великой страны. Что же мы там нашли? Мы увидели захватывающую судьбу этого государства, которое называют «вратами Европы». Эта страна сыграет важную роль в грядущем реформаторском движении. Именно в тот период Рональд прибыл в Эйндховен и встретился с нами. Подобно Беверли, он обладал многолетним опытом и глубокими знаниями в области небесных судов. Встреча с ним напомнила мне встречу со старым другом. В ходе нашего разговора я пророчески заглянул в книгу Рона и его будущее. Вот что я обнаружил...

Эта реформация коснётся каждой горы и принесёт благословение народам. Она превзойдёт привычные нам пассивные традиционные формы молитв и пробуждения. Для меня она видится как «Реформация намерений». Ключевые фигуры в бизнесе, политике, искусстве, СМИ и образовании (в каждом секторе нашей культуры) возьмут на себя задачу обучения народов. Иисус — Царь царей, и эти люди будут сражаться за свою землю и свою миссию в Его Царстве.

«Суды небесные для новичков» станут стратегическим средством для каждого из нас, чтобы наследовать свой свиток... А Рональд выступит в роли практического наставника, показывающего, как это осуществить. Цари выходят в сферу бизнеса и экономики, обретают священнические орудия, открывающие небеса и благословляющие народы. Поэтому я благословляю эту книгу и этого брата исполнить всё, что у них на сердце, ради Царствия и для таких людей, как я.

PS: Пожалуйста, издайте эту книгу и на английском языке.

Джон Гарфильд

www.releasingkings.com Кенневик, Вашингтон, США, октябрь 2017 г.

«Суды Небесные для новичков» — это незаменимый инструмент для каждого верующего, стремящегося к осуществлению своей божественной судьбы. В своём труде Рональд подробно и скрупулёзно разъясняет базовые принципы и процедуры небесного суда. Его книга — это столь необходимое руководство, которое поможет народу Божьему постичь как доктринальные основы, так и духовные «инструкции» данного уровня молитвенного служения.

Хотя в Теле Христовом немало тех, кто учит о небесных судах, лишь единицы обладают такой глубиной понимания и практическими навыками, какие описаны в данной книге. Рекомендую «Суды Небесные для новичков» всем, кто желает разрешать правовые проблемы, препятствующие полному раскрытию их предназначения, дарованного Иисусом на кресте!

Беверли Уоткинс

Глобальные реформаторы - международный директор по Африке Йоханнесбург, ЮАР, октябрь 2017 г.

Рональд отличается живостью характера и яркостью личности, что прекрасно отражается в его умении брать сложные идеи и объяснять их доступным языком, понятным каждому.

Он делится с читателем знаниями о функционировании ЙХВХ, побуждая и вдохновляя представителей разных поколений продолжать свой путь духовного роста и укрепляться в общении с Отцом.

Я бы рекомендовал «Суды Небесные для новичков» всем, кто ищет вдохновения и стремится к деятельному образу жизни.

Иэн Клейтон, Сын грома

www.sonofthunder.org

Гастинг, Новая Зеландия, октябрь 2019 г.

Содержание

Предисловие

Однажды я ехал по прекрасному центру Лёвена, фламандского[1] студенческого городка в Бельгии. Я вел машину рассеянно, сосредоточившись на разговоре с коллегой, который ехал со мной. Позже я обнаружил, что где-то проехал на красный свет, так как через несколько недель на мой коврик в Нидерландах упало письмо со значительным штрафом.

Я на мгновение поддался искушению пренебречь этим судебным наказанием со стороны фламандских судебных властей, но моя совесть быстро выступила против. Все-таки я проехал на красный свет и явно был виноват. Это было серьезным нарушением во Фландрии. Когда я прочитал отрезвляющую повестку, я понял, что теперь мне придется рассказывать об этой ошибке в суде.

Инстинктивно я понял, что лучше подчиниться этим указаниям. Я решил явиться в суд Лёвена, заседание было назначено на утро пятницы в половине восьмого. Это было довольно волнительно для меня; я никогда раньше не был в зале суда.

Я встал еще до рассвета, чтобы проехать по провинции Велюве[2] и быстро добраться до величественного и старинного зала суда в Лёвене. Я нервничал, заняв место в ряду других фламандских нарушителей правил дорожного движения. Без сомнения, они задавались вопросом, что здесь делает этот скупой голландец. Я терпеливо ждал, пока настанет моя очередь предстать перед кантональным судьей Лёвена.

Пока я так сидел, я размышлял о том, что узнал из учения Рональда о судах небесных. Я подготовился - я знал, что земные суды действуют под юрисдикцией небесных судов, а не отдельно от них. Я знал, что земной суд должен быть отражением небесного. Суды и приговоры, вынесенные на земле, призваны соответствовать судам и приговорам, вынесенным на небесах.

Я новичок, думал я про себя, но я испробую это учение на практике и посмотрю, что выйдет. Я помолился и подготовил свое выступление по делу

---

[1] Фландрия - северная часть Бельгии. Основной язык - голландский. Лёвен - город во Фландрии. Народ называют фламандцами, и они убеждены, что голландцы скупы.

[2] Велюве - красивая сельская часть Нидерландов, примерно в 3 часах езды от Лёвена.

еще дома, так, как Рональд подробно описал в этой книге. Я отправился в духе в небесный зал суда. Там я исповедовал свои грехи и просил вынести судебное решение. Честно говоря, мне было трудно представить себе зал суда с судьей, прокурором и адвокатом. Я раньше никогда не был в настоящем зале суда. Но я делал все это верой. Когда я молился, я ощутил, что мой приезд в Бельгию, а также моя работа в Лёвене сыграют определенную роль в судебном рассмотрении этого дела.

Неожиданно передо мной открылась дверь зала суда. Судебный пристав, говоривший с фламандским акцентом, строго приказал мне и остальным нарушителям хранить молчание. Нам запретили говорить до тех пор, пока кто-то не задаст нам вопрос, в противном случае нас выведут из зала заседания. После этого нас проводили в просторный пыльный зал. Центральное место занимал возвышающийся посреди зала судейский стол, перед которым стояли несколько простых скамеек для тех, чьи дела предстояло рассматривать. Зал был достаточно освещён, однако ему требовалась свежая покраска.

Мы тихо заняли свои места на деревянных скамьях. Внезапно в зал вошли судья, прокурор и секретарь суда. Все присутствующие получили указание подняться, и судебное заседание началось. Подсудимые по очереди объяснялись по поводу своих дел, представляемые молодыми адвокатами. Один за другим они получали решения суда.

Вдруг меня вызвали вперёд. «Так, господин Леувестейн, откуда вы?» — спросил судья на фламандском. Я глубоко вздохнул и тихим, приглушённым голосом ответил, что я из Нидерландов.

Он нахмурился. Демонстративно посмотрев на часы, он произвел быстрые расчеты и повернулся ко мне. – «Хмм», - сказал он. «Нечасто из Голландии приезжают в Лёвен, чтобы заплатить штраф. Что вы здесь делали в тот день, когда вы проехали на красный свет?»

В зале была смертельная тишина, и прокурор с писарем уставились на меня. «У меня здесь была назначена встреча по работе, ваша честь», - сказал я, все время пытаясь вспомнить, можно ли называть фламандского судью «ваша честь». Ну, проявить уважение никогда нелишне.

«А какая у вас работа, мистер Леувестейн?», - продолжил расспрос судья.

«Я работаю в организации, поддерживающей гонимых христиан в таких странах, как Северная Корея или Иран. Мы обращаемся за молитвенной и финансовой поддержкой к церквям в Лёвене», — ответил я чётко и уважительно.

Выражение лица судьи мгновенно изменилось. На нём отразился искренний интерес, и оно словно осветилось изнутри, словно на него снизошёл Святой Дух. Атмосфера в зале суда радикально переменилась, пока он продолжал задавать вопросы о преследованиях христиан. Наконец, он откинулся на спинку кресла.

«Таким образом, вы прибыли в Лёвен, чтобы совершить доброе дело, и в процессе проехали на красный сигнал светофора. А сегодня утром вы проделали трёхчасовой путь, чтобы предстать передо мной по этому вопросу. Верно ли я вас понял?» — спросил он.

«Да, ваша честь», — тихо подтвердил я.

«Ну, такое мы здесь наблюдаем не часто, мистер Леувестейн. И, откровенно говоря, я считаю это весьма примечательным», — заметил судья.

Спокойно и кратко посовещавшись с прокурором, судья с благодарностью в тоне обратился ко мне. «Признаю вас виновным в данном правонарушении, но освобождаю от уплаты штрафа», — торжественно провозгласил он. Громкий удар молотка прозвучал над столом. «Следующее дело».

Я пришёл в себя уже после выхода из зала суда, всё ещё не вполне осознавая произошедшее. Меня признали виновным, но освободили от наказания. Судья поступил так, как я просил в молитве. Я был поражён. Таким образом, я не только впервые столкнулся с судебной системой, но и прочувствовал присутствие Бога в роли Судьи.

Через этот случай Господь преподал мне два урока: первый — каждое моё действие имеет последствия, и я не вправе поступать, как вздумается. Второй — решения, принимаемые в небесных судах, реальны. Этот опыт раскрыл мне осязаемость Божьего могущества.

И я только начинал постигать истины о небесных судах. Призываю вас не только изучить их, но и применить на практике, особенно когда сталкиваетесь с несправедливостью, направленной против вас и ваших близких.

Небесный Судья желает вынести решение в вашу пользу. Ему неприятно, когда единственные показания, заслушанные в суде, даются обвиняющей стороной. Иисус Христос является нашим Адвокатом, Он помогает нам в решении наших судебных дел. Пришло время вам пережить как Небесный Судья вершит правосудие от вашего имени.

Эта книга окажет вам значительную помощь. Внимательно и регулярно перечитывайте её, исследуя принципы Слова Божия. А затем, самое важное, применяйте их на практике. Вас ждут многочисленные победы, превосходящие те, что произошли в моей жизни. Молюсь о том, чтобы книга Рональда стала великим благословением не только для вас, но и для тех, кого Бог поручил вам.

Свен Леувестейн

Директор IMPACT Navigators, Нидерланды, Элбург, октябрь 2017 г.

Введение

Суды Небесные: это что-то новое?

Примерно десять лет назад Иэн Клейтон начал преподавать существование и функции небесных судов[3]. Святой Дух использовал его как первопроходца, чтобы проложить путь Телу Христову. Истины о данных судах, скрывавшиеся веками, стали доступны широкому кругу людей. Создается впечатление, что небесные книги, долгое время пребывавшие закрытыми, наконец открылись[4].

Недавно вышли и другие труды, посвящённые небесным судам. Повсюду проводятся конференции, где христиане обучаются молитвам в небесных судах. Всё больше служителей распространяют знания о небесных судах среди широкого круга верующих. Одним из таких служителей является Роберт Хендерсон.

В 2015 году Роберта Хендерсона пригласили выступить на эту тему на конференции в Нидерландах. Там был представлен перевод его книги[5] на голландский. В ней Роберт раскрывает основы духовной активности в духовном мире. Он объясняет, какие голоса выступают в нашу защиту в судах.

Всё это свидетельствует о действии Божьем на земле. Помимо откровения о том, что Бог есть наш Отец, мы начинаем узнавать Его и как Справедливого Судью Земли, Судью, жаждущего даровать нам правосудие.

Лучше один раз увидеть...

Обложка этой книги говорит сама за себя. Это полотно, созданное Марион де Йонг в 2008 году[6], изображает открытую дверь в рай. Именно об этом и пойдёт речь в книге – о приглашении войти в небеса, двери которых широко распахнуты. Мы читаем в Откровении, 4-й главе, что Иоанн был призван Богом подняться на небеса и наблюдать. Это приглашение адресовано и нам.

---

3 Иэн - пророк и учитель-новатор из Новой Зеландии, который учит о небесных мирах уже более 24 лет; см. www.sonofthunder.org.

4 Даниила 12:9-10

5 Procederen in de hemelse rechtbanken, опубликовано издательством Mandate Publishing, 2015

6 Подробнее о работе Марион де Йонг: https://www.dutchartacademy.nl/ https://propheticpainting.org/ и https://german.dutchartacademy.nl/

Данная книга является инструментом, помогающим читателю откликнуться на призыв Отца, который говорит: «Поднимись сюда, и Я покажу тебе всё, что должно произойти». Это практическое руководство, подробно объясняющее правильный порядок действий в небесных судах. Когда обвинения будут сняты с нас, мы сможем узреть исполнение своей судьбы, будем готовы вступить в сражение за Него и привести в исполнение приговор, вынесенный против врагов Господа.

Вызов для читателя

Как следует из названия, эта книга предназначена для новичков — тех, кто только начинает свой путь, стремится глубже понять природу небесных судов и желает лично пережить, как Бог оправдывает их. Именно такие искренне стремятся активно участвовать в небесных судах, чтобы утверждалось Царство Небесное на земле. Они готовы принести любую жертву ради того, чтобы стать зрелыми сынами во Христе и расти, принимая на себя ответственность.

Эта книга бросит вам вызов. Невозможно оставаться равнодушным, читая её; она призывает перейти к активным действиям. Я ожидаю от вас многого, не только выполнения заданий. Также прошу вас сохранять приверженность чтению до самого окончания книги. Возможно, у вас даже возникнут сомнения в некоторых убеждениях, особенно если ваши взгляды отличаются от представленных в книге.

Цель этой книги — служить вам практическим руководством, которое поможет представлять свой иск на рассмотрение Небесного Судьи в небесных судах. Поэтому важно внимательно изучать всю предоставленную здесь информацию.

Эта книга состоит из двух частей. В первой части заложено библейское основание существования и функционирования небесных судов. Во второй части вы подготовите собственное обращение в небесные суды и выступите со своим делом перед Небесным Судьёй.

Время действовать настало. Единственным человеком, способным изменить вашу жизнь, являетесь вы сами. Отец приглашает вас войти к Нему в небесные суды[7]. Там Он оправдывает нас, чтобы мы могли одержать победу в своей жизни и справиться с любыми препятствиями, мешающими исполнению нашего предназначения.

7 Исаия 43:26

Ответы на уточняющие вопросы

Небесные суды столь же реальны, сколь и земные. Решения суда окончательные, а приговоры имеют силу. Однако я понимаю, что у вас может возникнуть множество вопросов по этой теме. Действительно ли существуют эти суды, или это всего лишь плод воображения? Как туда попасть? Какой протокол необходимо соблюдать? Как вообще всё это работает? И какую пользу это мне принесёт? Разве жертвы Иисуса недостаточно? Данная книга призвана ответить на эти и многие другие вопросы.

Также можно приобрести рабочую тетрадь. Это полезный инструмент для выполнения упражнений, предложенных в книге. Некоторые из них выполняются единожды, например, запись свитка вашей судьбы. Другие же задания выполняются каждый раз для каждого обращения в небесные суды. Рабочая тетрадь поможет вам подготовиться к каждому визиту в суд.

Открытая душа

За последние годы я начал глубже понимать и ценить то почитание, с которым еврейский народ относится к словам Всевышнего. Евреи целенаправленно изучают Его слово на протяжении тысячелетий. Давайте последуем их примеру, оставив в стороне наши предубеждения. Надеюсь, что мы, западные христиане, тоже начнём постигать глубину, скрытую в Слове Божьем.

Раввины учат, что у каждого отрывка Писания существует семьдесят различных интерпретаций. Все они содержат истину и могут сосуществовать одновременно[8]. Это отражает богатство и глубину нашего Бога и Его Слова. В большинстве случаев еврейский народ терпимо относится к людям с иными мнениями. Евреи открыты к новым взглядам, ведь каждая новая грань позволяет им открыть что-то новое о Боге, увидеть истину, прежде ими незамеченную.

---

8 Эта концепция множественного толкования называется «Шив'им паним ла Тора» («каждый стих Торы имеет семьдесят различных лиц или граней»).

Безусловно, вы имеете право сформировать своё мнение об отдельных главах этой книги или придерживаться собственного опыта, отличного от моего. Но, пожалуйста, не воспринимайте прочитанное в штыки. Лучше примите послание этой книги с открытым сердцем и душой.

В этой книге я свидетельствую о том, что узнал о величии нашего Бога, Творца неба и земли, Царя Вселенной, Адонаи Элохейну, который послал Своего Сына, Иешуа Ха-Машиаха, в мир, чтобы искупить и спасти нас, который даровал нам Своего Духа, Руах ха-Кодеш, чтобы пребывать с нами и вести нас к полноте, уготованной Им для нас.

Пусть чтение этой книги обогатит ваше путешествие веры и сделает ваши отношения с Отцом, Сыном и Святым Духом глубже. Пусть прекратится существование несправедливости в вашей жизни. Пусть вы сможете представить своё дело Небесному Судье и обрести оправдание. Пусть вы одержите победу над всеми врагами в своей жизни. Пусть вы испытаете свободу и поймёте судьбу, данную вам Богом. Пусть вы откроете для себя новые грани Его силы. Пусть вы узнаете, что значит занимать положение сына Божьего в сотворенном мире. Пусть вы испытаете всю полноту обещанных нам милосердия и свободы.

Рональд Монтейн

Дуйвендрехт, 22 октября 2017 г.

Часть 1

Библейское основание

I

Нет ничего нового под солнцем

«Нет ничего нового под солнцем», — говорил некогда Экклезиаст. Что было, то и будет; и что делалось, то и будет делаться[9]. Эти слова глубоко отражают мировоззрение еврейской культуры. В отличие от греческого способа мышления, евреи воспринимают время циклично.

Греческая мысль линейна: 1 + 2 + 3 = 6. Но для евреев конец должен соответствовать началу: 1 + 2 + 3 = 6 = 3 + 2 + 1. Само творение находится в гармонии; в нём присутствует порядок и баланс. Мы находим отражение этого взгляда у Иисуса, когда Он сказал Своим ученикам: *«Пришествие Сына Человеческого при конце света будет подобно дням Ноя»*. В последние дни мы увидим то же, что происходило во времена Ноя. Например, обратите внимание на современные дискуссии о гендерном различии. То же самое имело место и тогда, и стало одной из причин, почему на землю обрушился потоп.

Как было во дни Ноя, так будет и тогда, когда придет Сын Человеческий. ибо, как во дни перед потопом ели, пили, женились и выходили замуж, до того дня, как вошёл Ной в ковчег, и не думали, пока не пришёл потоп и не истребил всех, — так будет и пришествие Сына Человеческого;

Матфея 24:37-39

Что это значит для нас, христиан? Прежде всего, это помогает нам осознать, что происходящее в мире не является неожиданностью для Бога. Мы можем воспринимать события как нечто новое или даже революционное, но для Него ничто не остаётся тайной. Порой слава Божия заключается в сокрытии дела, а слава царей — в исследовании дела[10]. Он призывает нас учиться у Него и следовать за Ним. Он желает раскрыть нам эти тайны.

Темпы поступления новых откровений в Церковь за последние годы, кажется, только ускоряются. Когда-то на усвоение и распространение

---

9 Экклезиаст 1:9
10 Притчи 25:2

новых концепций уходили годы. Но сейчас последнее полученное откровение ещё не успело распространиться повсеместно, как уже в дверь стучится следующее. Некоторые христиане буквально бегают от одной конференции к другой, и кажется, что у них нет других забот, кроме отслеживания новейших тенденций. Они напоминают афинян времён Павла[11]. Другие же христиане обеспокоены происходящим. Накопленного ими опыта недостаточно, чтобы определить, что стоит принимать, а что отвергать. Это вызывает у них неуверенность или страх, а страх — плохой советник.

Боязнь обмана

Когда речь идёт о принятии новых идей, продуктов или учений, мы зачастую предпочитаем подождать и посмотреть, что произойдёт. Пусть кто-то другой пойдет первым, проверит, работает ли эта идея и безопасна ли она. И в этом нет ничего плохого, ведь мы все разные. Кто-то из нас выходит на передовую, другие же выжидают, чтобы увидеть, куда подуют ветры перемен. Но помните, что у многих глубоко укоренился страх быть обманутыми. Действуя под влиянием этого страха, мы рискуем упустить благо, которое Отец желает нам дать.

Откуда берётся этот страх? Это одно из последствий грехопадения. Человечество утратило свою безгрешность, когда Адам вкусил плод с запретного дерева. Адам и Ева, изгнанные из сада, пережили глубокое разочарование, породившее великий страх обмана. Они, так сказать, дали себе внутренний обет: «Больше никогда в жизни этот враг нас не обманет!» С тех пор это убеждение крепко укоренилось в них и передается каждому человеку, их потомку. И что в итоге? Многие из нас наблюдают за новыми событиями в Царстве Божьем издалека. Мы боимся повторить ту же ошибку, которую совершили Адам и Ева.

Эта книга, возможно, содержит новые для вас идеи. Прошу вас принять их открытым сердцем. По определению, новые откровения и взгляды не имеют прецедентов. Ведь они новые. Ваши же убеждения и представления об истине основываются на прошлых откровениях и впечатлениях. Чтобы открыть для себя что-то новое, вам нужно не только занимать непредвзятую позицию, но и быть готовым анализировать информацию и проверять её.

11 Деяния 17:21

Кроме того, не отвлекайтесь на форму подачи сообщения. Недавно я разместил на Facebook статью о политической ситуации в США. Меня удивило, что в последующих обсуждениях никто не ссылался на содержание самой статьи, а вместо этого комментаторы критиковали новостной ресурс, опубликовавший материал. Читатели утверждали, что репортаж был никчёмным и несбалансированным.

Такие рассуждения могут возникнуть у любого. Наши предубеждения и устоявшееся мнение сложно изменить, и наши суждения часто формируются из прошлого опыта, а не из точного анализа фактов.

Изучая жизнь Иисуса, мы видим, что Его проповеди нередко вызывали возмущение у людей[12]. Возможно, таким образом Бог испытывает наши сердца, желая выяснить, действительно ли мы готовы искать скрытое сокровище? Именно это имел в виду Павел, когда говорил, что Крест стал камнем преткновения для иудеев[13]. Способны ли мы разглядеть скрытые сокровища в этом послании?

Каков наш прошлый опыт?

Чтобы объективно оценивать новые идеи, нам необходима надёжная основа для сравнения. Что я имею в виду? Наши возможности понимания и принятия решений ограничены. В конечном счёте, мы не Бог. Как же нам удостовериться, что новые знания безопасны? Как мы отличаем, исходит ли что-то от Бога или это просто обман?

Естественно, наш первый критерий — это Библия. В ней мы находим руководство к святой жизни, как если бы Всемогущий дал его нам непосредственно. Библия направляет нас на правильный путь во всех вопросах, связанных с нашим поведением и нашими взаимоотношениями с Богом.

Однако как быть с новыми технологиями или идеями, которые мы не можем ощутить своими органами чувств? Вопрос «Где об этом сказано в Библии?» закономерен, но подобные вопросы тоже могут ограничить наш рост. Никто не является всеведущим, кроме Бога. Бог окружает Себя тайнами, но мы обязаны исследовать и раскрывать эти тайны[14]. Все мы испытывали на собственном опыте как Писания могут открыться нам по-новому, хотя мы и изучали эти стихи долгие годы. Когда это случается, чувствуешь, будто открывается завеса, и вдруг видишь новое откровение. И сразу появляется желание поделиться этим со всеми.

12 Матфея 13:57; Марка 14:27; Иоанна 6:60-66

13 1 Коринфянам 1:23

14 Притчи 25:2

Когда Иисус ходил по этой земле, книжники и фарисеи часто критиковали Его. Уверовавшие в свои знания и представления, они решили, что Иисус никак не мог быть обещанным Мессией. *Они считали, что многие Его поступки и высказывания противоречили заповедям, которые Бог дал им. Они восприняли Иисуса как угрозу, потому что Он не соответствовал их толкованию Танаха.* Он не оправдывал их ожиданий относительно Мессии. Их прошлый опыта оказался слишком ограниченным.

> *На это сказали ему: и ты не из Галилеи ли? рассмотри и увидишь, что из Галилеи не приходит пророк.*

> *Иоанна 7:52*

Быть мудрым задним числом легко. Мы читаем библейские истории глазами человека, знающего их исход. И от этого никуда не деться. История Церкви наглядно показывает нам, что всякий раз, когда появляется что-то новое, начинаются споры между новаторами и их противниками, и так продолжается из поколения в поколение. В прошлом столетии это случалось неоднократно: приходит откровение, вокруг него ведутся дебаты, а затем оно принимается повсеместно.

Бог облекает себя в тайны,
но мы должны исследовать, раскрыть эти тайны.

Рассмотрим примеры: говорение на иных языках, служение исцеления, женщины на руководящих позициях в церкви, духовная брань и роль апостолов и пророков в церковной общине. Часто авторитеты церкви испытывают трудности, отказываясь от старых убеждений и принимая новые. Обычно это связано с высокой платой, которую эти люди заплатили за свои откровения. Они носят старые откровения с сильным чувством ответственности. Отказаться от них бывает крайне трудно.

Первый Апостольский собор в Иерусалиме

Первый Иерусалимский собор, описанный в Деяниях 15, является одним из лучших примеров того, как следует обращаться с новыми откровениями. Павел и Варнава были отправлены апостольским собором проповедовать Евангелие язычникам. Путешествуя по Азии, они пришли к заключению, что обрезание больше не обязательно для новообращённых. Фактически, Павел утверждал, что тому, кто подвергнется обрезанию, Христос не принесёт никакой пользы.

> *Вот, я, Павел, говорю вам: если вы обрезываетесь, не будет вам никакой пользы от Христа. Ещё свидетельствую всякому человеку обрезывающемуся, что он должен исполнить весь закон.*

Галатам 5:2-3

Значительное число фарисеев присоединились к ученикам Иисуса в Иерусалиме, но когда Павел вернулся с этим учением, они пришли в ярость. Павел не был обычным раввином. Фарисеи относились к нему с большим уважением; в конце концов, он учился у Гамалиила, что означало сильное влияние в их среде[15]. Сесть у ног Гамалиила было непростым делом. Человек должен был получить особое приглашение, выбирались только самые достойные. Некоторые даже предполагали, что однажды Павел мог стать новым лидером фарисеев. Теперь вы понимаете, почему они так разгневались, когда он предложил это учение, противоречащее традициям?

> *По прибытии же в Иерусалим они были приняты церковью, Апостолами и пресвитерами, и возвестили всё, что Бог сотворил с ними. Тогда восстали некоторые из фарисейской ереси уверовавшие и говорили, что должно обрезывать язычников и заповедывать соблюдать закон Моисеев.*

Деяния 15:4-5

Их точку зрения можно понять. В конце концов, Закон Моисея однозначно утверждает, что новообращённые должны пройти обряд обрезания[16]. Это записано в Танахе. Тем не менее, Святой Дух указал Павлу, что обрезание не принесёт пользы новообращённому. В действительности, обряд обрезания мог стать для них преградой, а не путём к свободе.

Дело в том, что на иврите слово *«Тора»* означает «наставления», а не «закон», как мы обычно считаем. В Торе — первых пяти книгах Ветхого Завета, которые были переданы Моисею, содержатся принципы ведения здоровой, безопасной и, прежде всего, освящённой жизни. Тора — это далеко не только перечень того, что разрешено и запрещено.

---

15 Гамалиил был очень влиятельным раввином и председательствовал в Синедрионе. Он был внуком знаменитого раввина Гилеля, который обладал особыми полномочиями объяснять Тору, и к нему относились с большим уважением. Поэтому ученики Гамалиила также были очень влиятельными среди фарисеев.

16 Исход 12:48

Святой Дух способен давать новые откровения взамен уже написанных, проливая новый свет на Писание. Многие христиане находят это сложным, поскольку их вера и решения, принятые в жизни, базируются на *собственных* трактовках буквы Закона, а не на живых отношениях с Творцом. Все это, в сочетании со страхом обмана, создаёт благодатную почву для одного из самых разрушительных духов, известных человечеству: религиозного духа. В конечном счете, именно этот дух подвигнул фарисеев казнить Иисуса.

Жизнь в свободе и благодати сопряжена с риском[17]. Ошибки неизбежны, и некоторые из них могут повлечь за собой значительные последствия. Несмотря на это, невозможно избежать необходимости делать выбор. Мы воздерживаемся от действий, потому что опасаемся быть обманутыми, а позже понимаем, что мы противились Духу Живого Бога. Именно поэтому Гамалиил дал такой совет членам синедриона.

> *И ныне, говорю вам, отстаньте от людей сих и оставьте их; ибо если это предприятие и это дело от человеков, то оно разрушится, а если от Бога, то вы не можете разрушить его; берегитесь, чтобы вам не оказаться и богопротивниками.*

> *Деяния 5:38-39*

Как проверять новые откровения?

Как нам следует относиться к новым озарениям и откровениям? Я уже упоминал, что Библия является основой нашей жизни и убеждений. Однако Дух живого Бога может даровать нам озарение, оживляющее новые глубины Слова Божьего. Павел подчёркивал, что он действовал, внимательно прислушиваясь к Святому Духу; они с Ним действовали в согласии[18]. Такое единение можете испытать и вы, и это будет критерием проверки.

Как нам следует оценивать новые озарения или откровения, чтобы увидеть, были ли они вдохновлены Святым Духом или нет? Проверка через Слово, точнее, через нашу интерпретацию Слова, может показаться достаточной, но исторический опыт показывает, что церковные расколы возникают главным образом из-за того, что каждый человек придерживается своего личного толкования Писания.

---

17 См. «Пробуждение благодати» Чарльза Р. Свиндолла, 1990.

18 Деяния 15:28

Важнее всего быть предельно честным, особенно когда мы оцениваем самих себя. В какой мере мы преодолели страх обмана, который встроен в нашу ДНК[19]? Насколько сильно на процесс принятия решений влияет полученное нами воспитание? Оказывают ли влияние на наше мышление наши духовные лидеры? Бывает так, что мы знаем, что нужно делать, но наша нерешительность, страхи или давление окружения вынуждают нас выбрать иной путь.

Учение Иисуса было революционным во многих аспектах. У всех были свои мнения, что приводило к бурным дебатам. Когда Иисуса спросили о происхождении Его учения, Его ответ был потрясающим.

> *Иисус, отвечая им, сказал: Моё учение — не Моё, но Пославшего Меня; кто хочет творить волю Его, тот узнает о сём учении, от Бога ли оно или Я Сам от Себя говорю.*

> *Иоанна 7:16-17*

Единственный способ узнать, говорит ли Иисус правду, — это поступить по Его словам. Только тогда мы поймём, от Бога ли пришло Его учение или нет. Нельзя выявить истину исключительно посредством размышлений. Размышление, по определению, — деятельность нашей души. Лишь человеческий дух способен проникнуть в суть тайн Бога[20]. Вам необходимо самому копнуть глубже, прежде чем принимать решение. Было бы жаль отвергнуть откровение, которое Бог специально поставил на вашем пути.

Метод исследования тайн также играет ключевую роль. Не пытайтесь сразу опровергать что-то новое как ложное или противоречащее Библии. Исследуйте откровение открыто, как это сделала церковь в Верии. Используя Писание, они старательно проверяли, было ли учение Павла *истинным*. Если это сразу не удалось, продолжайте исследование с рвением.

> *Здешние были благомысленнее Фессалоникских: они приняли слово со всем усердием, ежедневно разбирая Писания, точно ли это так.*

> *Деяния 17:11*

---

19 ДНК является носителем нашей наследственной информации. Наша внешность, наш характер и наши предпочтения в основном определяются нашей ДНК. Мы несём в нашей ДНК последствия выбора, сделанного нашими предками.

20 1-е Коринфянам 2:13-16

Характеристики для выявления сути

Нас будет сложнее обмануть, если мы пребываем в общении с Отцом, Сыном и Святым Духом. Вы можете применять следующие критерии для оценки откровения, от Бога ли оно:

Когда мы близки с Отцом, мы испытываем на себе Его суд, святость и праведность.

> *А Господь Саваоф превознесётся в суде, и Бог Святой явит святость Свою в правде*
>
> *Исаия 5:16*

Находясь в общении с Иисусом, постарайтесь понять, несет ли это откровение Его характерные признаки. Содержит ли оно истину? Ведет ли оно вас по живому пути к Богу?

> *Иисус сказал ему: Я есмь путь и истина и жизнь; никто не приходит к Отцу, как только через Меня.*
>
> *Иоанна 14:6*

Отличительные признаки присутствия Святого Духа включают праведность, мир и радость. Если эти качества усиливаются вследствие этого откровения, значит, вы находитесь на верном пути.

> *Ибо Царствие Божие не пища и питие, но праведность и мир и радость во Святом Духе.*
>
> *Римлянам 14:17*

Противник наш главной целью ставит разрушение наших взаимоотношений с Богом. Он использует нечестивые убеждения, подкрепленные нашими страхами, ложь в нашем сознании и влияние нашей культуры.

Задайте вопросы:

— Ведет ли это откровение к желаниям Отца?

— Является ли эта истина доступной для всех, и стану ли я свободней, следуя ей?

— Улучшит ли это откровение мою жизнь?

— Укрепляет ли это откровение мои отношения со Святым Духом?

Действительно, праведность является характерной чертой как Отца, так и Святого Духа. Хотя это и верно, существует разница. Праведность Отца проявляется как праведность Судьи — Того, кто защищает правду. Святой Дух видит праведность с нашей точки зрения — как нарушителей закона. Он ходатайствует перед Отцом от нашего имени и приводит аргументы, чтобы мы получили праведность.

Когда вы научитесь применять эти девять критериев, вы обнаружите, что риск сбиться с правильного курса исчезнет. Продолжайте задавать себе вопросы, опираясь на эти характеристики Троицы. Привносит ли это откровение Божью праведность в вашу жизнь? Раскрывает ли оно истину Христа? Исполняетесь ли вы миром и радостью Святого Духа?

Заключение

Размышляйте об этом откровении о небесных судах без предвзятости, даже если вы никогда не слышали о таком учении. Исследуйте Писание, чтобы подтвердить или опровергнуть истинность откровения. Это - правильный подход. Ваша способность приходить к самостоятельным выводам является признаком зрелости. Когда в церковь приходят новые откровения, необычные мысли или изменения в учениях, не стоит полагать, что пасторы или старейшины дадут вам ответы.

Каждый взрослый сын или дочь Божья должны уметь самостоятельно принимать решения, касающиеся их жизни. Особенно это касается того, что невозможно наблюдать нашими основными органами чувств. Вы должны обладать наработанным собственным опытом для сравнения. Конечно, вы можете обсуждать свои выводы с друзьями и служителями, но каждый человек несет личную ответственность за свою связь с Богом.

В свете этого научитесь использовать критерии оценки, описанные в этой главе. Здравое откровение не только обладает этими характеристиками, но они в таком откровении гармоничны. Как мы настраиваем гитару перед игрой, так же важно проверить настройку этих критериев. Помните, зачастую правильность решения можно подтвердить только после его принятия. Это и называется хождение в вере.

Не будьте пассивными. Стремитесь поддерживать живые отношения с Богом Отцом, Сыном и Святым Духом. Именно через эти связи вы обретете смелость идти дальше.

Не рассматривайте все новые идеи как ошибочные только потому, что они новы. Кто-то может предложить вам ключевое откровение в вашей жизни. Осваивайте искусство изучения откровений. Давайте двигаться вперед в любви, принятии друг друга и взаимном уважении.

В следующей главе я расскажу об отношениях с Богом как Судьей.

2

Нам нужно, чтобы Бог был нашим судьей

Перед тем, как мы перейдём к обсуждению небесных судов, важно рассмотреть наши отношения с Богом. В Библии Он назван нашим Отцом, Другом и Судьей. Роберт Хендерсон подробно рассматривает эту идею в своей первой книге [21] о небесных судах. Он объясняет, что роли отца и судьи символизируют личность, наделённую властью над нами. Поначалу может быть сложно принять эту концепцию тем, кто сталкивался с негативным опытом взаимодействия с властью в своей жизни. Ведь многие из нас имели негативный опыт общения с представителями власти, и мы склонны сопротивляться авторитетам.

За последние несколько лет в Нидерландах проводились многочисленные конференции и школы служения «Отцовское сердце», направленные на укрепление восприятия Бога как Отца. Многие пересматривали своё отношение к Богу, начиная видеть Его своим Отцом. Это большое благо для Тела Христова, поскольку восстанавливается правильное представление о Боге как о любящем Отце.

Некоторые испытывают сложности с восприятием Бога как друга, с которым можно делиться радостями и печалью жизни. Людям легче принять Иисуса как своего друга, но концепция Бога-Отца как близкого друга, с кем можно свободно общаться, многим кажется чрезмерной. Такие отношения кажутся им слишком близкими, и это создает неудобство.

Теперь рассмотрим Бога как Судью. Получив повестку в суд, большинство людей испытывают тревогу и беспокойство. Особенно это характерно для тех, кто воспитан в кальвинизме, где Бог изображён строгим и гневливым. Этот Бог всегда находится где-то далеко от нас, и мы Его боимся. Он осуждает нас за малейшие промахи и постоянно ищет ошибки, совершенные нами. Поэтому многие боятся встречи с Богом-судьей, считая, что Он тут же обрушит на нас свой гнев. Это чувство страха выражено в голландской поговорке: «Бог карает незамедлительно».

---

21 «Работа с судами небесными» Роберта Хендерсона

Подобный шаблон мышления убеждает нас в одном: Бог постоянно напоминает нам лишь о наших недостатках и неудачах. Такой образ Бога совершенно не отражает Его милосердие.

В таком представлении Бог выглядит как гневливый, жестоко карающий правитель, совсем не похожий на Творца. И всё же этот взгляд глубоко укоренился в наших эмоциях, а порой, кажется, и в нашей самой ДНК. Услышав слово «суд», мы сразу ассоциируем его с наказанием и пытаемся облегчить свою виноватую совесть, придумывая разумные оправдания.

Однажды, во время перерыва на работе, я прогуливался с коллегой. Мы говорили о многом: о нашей работе, о вере. В какой-то момент я поделился с ним тем, что просил Бога судить меня. Я сделал это, потому что хотел узнать, что Он думает о моей жизни. Мой друг был потрясён и явно расстроен тем, что я осмелился обратиться к Богу с такой просьбой. Он твёрдо заявил, что никогда бы не стал просить у Бога ничего подобного.

Многие реагируют так же, как мой друг. Услышав слово «судить», они испытывают страх и отдаляются от Бога. Они пытаются скрыться от Него, подобно тому, как это сделали Адам и Ева.

> И услышали голос Господа Бога, ходящего в раю во время прохлады дня; и скрылся Адам и жена его от лица Господа Бога между деревьями рая. И воззвал Господь Бог к Адаму и сказал ему: где ты? Он сказал: голос Твой я услышал в раю, и убоялся, потому что я наг, и скрылся.
>
> *Бытие 3:8-10*

Зачастую мы ведём себя точно так же. Рефлекс, переданный нам предками, вошёл в нашу ДНК ещё со времён Адама. Наша ДНК является носителем всей наследственной информации. Это означает, что добродетели и пороки передаются от родителей к детям. Именно поэтому наши дети часто демонстрируют то же поведение, что и их дальние родственники, даже если они никогда их не видели и не встречали.

Однако выход из этой ситуации действительно есть: покаяние и кровь Агнца. Откровенно признайтесь Богу, что вы боитесь, когда сталкиваетесь с Ним как с Судьёй. Будьте честны и расскажите о страхе, который испытываете всякий раз, когда у вас возникает чувство, что вас судят. Покайтесь в страхе быть отвергнутыми и в страхе быть наказанными.

Бог - наш судья

Если мы спокойно поразмыслим над этим, мы поймём, насколько странно испытывать столь глубоко укоренившийся страх перед Тем, в Ком мы отчаянно нуждаемся. Это одна из тактик нашего противника, сатаны: ему удаётся привить нам это внутреннее противление Богу, хотя именно Бог — единственный, Кто способен освободить нас. Мы можем многому научиться у Давида в этом вопросе: он не боялся Бога; напротив, видел в Нём убежище.

> *Господь — твердыня моя и прибежище моё, Избавитель мой, Бог мой — скала моя; на Него я уповаю; щит мой, рог спасения моего и убежище моё. Призову достопоклоняемого Господа и от врагов моих спасусь.*

> *Псалом 17:3-4*

Давид, как никто другой, понимает, что значит быть невиновным, но при этом гонимым. В детстве его отвергла собственная семья. При дворе царя Саула поначалу его встретили с приветствиями, но в итоге Саул пытался убить его. Хотя Давид был невиновен, его изгнали. Всю его жизнь враги без конца пытались погубить его.

Вот почему Давид взывает к Богу как к Судье, чтобы Он оправдал его.

Когда Давид оказывался в беде, он призывал имя Господне не просто ради утешения или избавления от проблем. Нет, превыше всех прочих качеств Бога Давид обращается к Нему как к Судье; только в этом качестве Бог может помочь ему. Будучи Отцом, Бог способен утешить его; будучи Другом, Он помогает ему в битвах его жизни, но только как Судья Он спасёт его от врагов.

Давид знал, что Царство Божье основано на судебной системе. По Божьим законам и постановлениям устроено всё, что происходит в Царстве. Если вы поступаете правильно, вы получаете награду, а если совершаете проступок, вы получаете взыскание. Вот почему Давид призывает Бога как Судью — оправдать его, а при необходимости осудить и очистить.

> *Боже! именем Твоим спаси меня, и силою Твоею суди меня. Боже! услышь молитву мою, внемли словам уст моих,*

> *Псалом 53:3-4*

Если с нами поступили несправедливо, нам нужен праведный Судья, который осуществит законное возмездие за нас. К сожалению, мы часто остаёмся в убеждении, что и сами каким-то образом виновны.

Если наша совесть обвиняет или осуждает нас, мы зачастую не осмеливаемся обратиться к Богу как к Судье. Мы верим этой вражеской лжи и застреваем в собственных страданиях. Но Бог приглашает нас вместе с Ним идти в суд, где мы будем оправданы. Не позволяйте страху перед наказанием и боязни обмана или осуждения продолжать властвовать над вами.

> *Я, Я Сам изглаживаю преступления твои ради Себя Самого и грехов твоих не помяну: припомни Мне; станем судиться; говори ты, чтоб оправдаться.*

> *Исаия 43:25-26*

Вы сами должны освободить свои эмоции от власти врага. Преодолейте этот страх, обратившись к Богу, нашему Отцу, искренне признавшись, что вам трудно видеть в Нём вашего Судью. Попросите Его помочь вам преодолеть этот страх. Тогда вы сможете с бесстрашным сердцем обратиться к Богу как к Судье и быть уверенными в вашем Оправдателе.

В Господе, Праведном Судье.

В тот момент, когда мы осознаём, что наше избавление является прямым результатом судебного решения, наш страх перед Богом как Судьёй исчезает. Все законные требования, необходимые для примирения человека с Богом, были выполнены посредством жертвы Иисуса, принесенной на кресте. Единственное законное основание, которое сатана может использовать, чтобы нападать на нас, — это наше собственное нарушение закона и постановлений Бога. Разве Сам Иисус не сказал, что, когда сатана придёт, он ничего не найдёт в Нём? Князь мира сего не мог обнаружить в Иисусе никаких законных оснований, поскольку Иисус никогда не грешил. Он ни разу не преступил повелений Своего Отца, Своего Царя и Своего Судьи.

> *Уже немного Мне говорить с вами; ибо идёт князь мира сего, и во Мне не имеет ничего. Но чтобы мир знал, что Я люблю Отца*

> *и, как заповедал Мне Отец, так и творю: встаньте, пойдём отсюда.*

> *Иоанна 14:30-31*

Вот почему сатана ничего не мог сделать с Ним. Именно по этой причине Библия указывает, что Его час не настал. Только после того, как Иисус взял на Себя все грехи человечества, сатана получил законное право истязать и убить Его. Но до тех пор он ничего не мог сделать с Иисусом.

Человечество попало под власть лукавого из-за греха одного человека. Искупление же всего человечества стало результатом послушания одного человека[22]. Бог получил законное право оправдать нас от смертного приговора жертвой Иисуса Христа. Нам нужно осознать, что наше оправдание, восстановление и исцеление могло произойти только благодаря вынесенному приговору праведного Судьи. В этом приговоре говорится: «Поскольку Сын Божий, Иисус Христос, взял на Себя весь грех, ты освобождён от греха».

Единственное, что необходимо, чтобы привести в исполнение этот приговор Судьи, — это признать, что Иисус Христос является Господом нашей жизни. Поступая так, мы исповедуем, что распяты с Ним, умерли в Нём и воскресли из мёртвых в Нём.

> *Зная то, что ветхий наш человек распят с Ним, чтобы упразднено было тело греховное, дабы нам не быть уже рабами греху; ибо умерший освободился от греха.*

> *Римлянам 6:6-7*

Мы освобождены от греха. Это означает, что грех не имеет над нами никакой юридической силы. Когда мы исповедуем наши грехи, лукавый более не имеет власти над нами. Он больше не может ничего сделать с нами. Очень важно понимать, что правовой статус «оправдан, освобождён от греха» напрямую связан с исповеданием грехов в нашей жизни. Пока мы скрываем наши грехи и умалчиваем о них, сатана сохраняет законное право нападать на нас. Вот почему Давид говорил, что его свобода пришла после исповеди.

> *Но я открыл Тебе грех мой и не скрыл беззакония моего; я сказал: «исповедаю Господу преступления мои», и Ты снял с меня вину греха моего. (Селах.) За то помолится Тебе каждый праведник во время благопотребное, и тогда разлитие многих вод не достигнет его.*

> *Псалом 31:5-6*

22 Римлянам 5:12-19

Когда Бог как Судья прощает нам наши грехи, Он выносит приговор, оправдывает нас и освобождает от греха. В конце концов, противник обвиняет нас днём и ночью[23]. Задумываемся ли мы, что, когда мы признаёмся в своих грехах, это признание фиксируется в небесном суде?

Прощение наших грехов напрямую связано с нашим исповеданием. Пока мы молчим, наш противник имеет над нами власть. Разве не сказал Иисус, что, когда мы идем на суд с нашим соперником, мы должны скорее помириться с ним[24]? Вот почему Иоанн призывает нас немедленно исповедовать свои грехи, потому что у нас есть защитник на небесах, который ходатайствует о нас.

> *Если говорим, что не имеем греха, — обманываем самих себя, и истины нет в нас. Если исповедуем грехи наши, то Он, будучи верен и праведен, простит нам грехи наши и очистит нас от всякой неправды. Если говорим, что мы не согрешили, то представляем Его лживым, и слова Его нет в нас. Дети мои! сие пишу вам, чтобы вы не согрешали; а если бы кто согрешил, то мы имеем ходатая[25] пред Отцом, Иисуса Христа, праведника; Он есть умилостивление за грехи наши, и не только за наши, но и за грехи всего мира.*

> *1 Иоанна 1:8-2:2*

Иисус знает битву, которую мы ведем с грехом; Он Сам сражался этой же битвой и не сдался. И Павел говорит нам об этой же битве в Послании к Римлянам 7. Он рассказывает о борьбе, которую переживает. Он отчаянно хочет выполнить закон, но каждый раз терпит неудачу. Затем он восклицает: «О несчастный я человек! Кто избавит меня от этого тела смерти?» Его ответ: «Иисус Христос, Господь наш». Наш правовой статус изменился, мы оправданы Судьей! Мы больше не подлежим осуждению.

> *Итак, нет ныне никакого осуждения тем, которые во Христе Иисусе живут не по плоти, но по духу.*

> *Римлянам 8:1*

23 Откровение 12:10

24 Матфея 5:25-26

25 В греческом тексте мы читаем здесь paraklétos, защитник, утешитель и помощник. Это то же самое слово, которым Святой Дух описывается в Иоанна 14:16,24.

Бог не принимает чью-либо сторону

Мы должны понять, что зал суда, куда мы приходим, принадлежит Всемогущему Богу. Это Его зал суда. Он - Судья, а мы - нет. Мы приходим к Нему, потому что с нами поступили несправедливо. Эмоции наши могут достичь накала; мы можем очень злиться или печалиться. Но вы ошибетесь, думая, что Бога-Судью можно будет убедить принять нашу сторону или заставить принять решение в нашу пользу только потому, что Он любит нас. Он не принимает чью-либо сторону; когда Он восседает на Своем престоле, Он абсолютно беспристрастен.

> *Ибо Господь, Бог ваш, есть Бог богов и Владыка владык, Бог великий, сильный и страшный, Который не смотрит на лица и не берёт даров, Который даёт суд сироте и вдове, и любит пришельца, и даёт ему хлеб и одежду.*
>
> *Второзаконие 10:17-18*

Существует большая разница между состраданием, которое Бог проявляет к нам как Отец, и тем, как Он вершит правосудие. Его суды основаны на Его законодательстве, показаниях и доказательствах, представленных в суде, а не на том, что Он любит нас. Он желает совершить правосудие и избавить нас от обвинителя. Это Его страстное желание, Его любовь в действии. Поэтому очень важно понимать, что Бог не принимает нашу сторону, но что мы должны выбрать Его сторону.

Поэтому так важно понимать, что Бог не принимает нашу сторону, но что мы должны выбрать Его сторону.

Святой Дух будет ходатайствовать о нас, когда мы явимся перед Богом. Он поможет нам лучше понять роль Бога как Судьи. Мы должны согласиться с Богом и признать, что Он судит праведным судом. Когда мы согласимся с Богом о том, что в отношении нас совершена несправедливость, а также о нашей роли в произошедшем, мы будем оправданы и избавлены от всех обвинений.

Роль сатаны как обвинителя

Знаете ли вы, что Иисус говорил со Своими учениками не по-гречески, а по-арамейски? Это был язык тех времен. Евангелисты были обычными людьми, не получившими специального образования. Вполне вероятно, что Евангелия были сначала написаны на арамейском языке и были позже переведены на греческий язык. Таким образом, благая весть стала доступна для широкой публики. То же самое происходит и сегодня. Современный язык в Интернете - английский, а не, например, суахили.

Многие из нас знакомы с молитвой Господней; это молитва, которой Иисус научил Своих учеников, когда они спросили Его, как им должно молиться. В этой молитве есть хорошо знакомое и известное нам предложение, но, когда вы читаете его на арамейском языке, оно может иметь совершенно другое значение. В середине молитвы «Отче наш» Иисус говорит следующее:

> *и не введи нас в искушение, но избавь нас от лукавого.*

МАТФЕЯ 6:13

Греческое слово, обозначающее искушение, - *peirasmon*. Этот греческий термин является переводом оригинального еврейского арамейского слова *mishaonah*. Это слово может означать «искушение», но оно также означает «судебное разбирательство». Вместо того, чтобы просить Бога не искушать нас, мы можем прочитать это совсем по-другому. Мы просим Бога не привлекать нас к суду, то есть не предпринимать против нас юридически значимых действий из-за наших грехов.

Во второй части этого стиха мы просим Бога избавить нас от зла. Если продолжить в логике суда, мы также можем прочитать это как просьбу к судье. Избавь меня от обвинителя. В еврейской традиции сатана не был правителем всего зла. Он был известен не как князь тьмы, а как падший ангел, послушный Богу и подчиняющийся Ему.

Его работа заключалась в том, чтобы выступать в качестве обвинителя. Именно он предъявлял обвинения на небесном суде. Когда мы предстаем перед судом, наши грехи подвергаются исследованию. Все, что мы совершили, там проверяется на соответствие законам и постановлениям Царства Небесного. Задача сатаны состояла в том, чтобы представить доказательства наших грехов перед Судьей. Когда мы используем эту версию объяснения[26], мы можем прочитать молитву следующим образом:

И не привлекай нас к суду, а избавь нас от обвинителя.

Матфея 6:13 (арамейский перевод)

Как на иврите, так и на греческом языке сатана означает «обвинитель или противник». Он тот, кто обвиняет нас день и ночь перед нашим Богом.[27] Он

26 Оригинал «Отче наш» на еврейском диалекте арамейского языка: https://youtu.be/i8IJOgMVE1Q?t=4m50s

27 Откровение 12:10

постоянно ищет улики, свидетельствующие против нас. Он исследует небесные досье, где записано все, что происходило в нашей жизни, события в нашей родословной и даже наши мысли и соображения. Это досье, в которых указано все, что мы сделали на земле, и по которым нас будут судить.

> *И увидел я мёртвых, малых и великих, стоящих пред Богом, и книги раскрыты были, и иная книга раскрыта, которая есть книга жизни; и судимы были мёртвые по написанному в книгах, сообразно с делами своими.*
>
> *Откровение 20:12*

Быстрое примирение

Вот почему так важно понимать, что у нас есть Адвокат, который ходатайствует о нас. Иисус Христос ходатайствует за нас в судах небесных. Нам нужно только исповедаться в своих грехах, чтобы быть оправданными. Когда мы исповедуем наши проступки, кровь Агнца получает возможность действовать в отношении нас. В тот же момент все наши грехи изглаживаются из каждого небесного досье[28]. Но любой грех, который мы сознательно скрываем, будет представлен обвинителем в качестве улики перед Судьей. Вот почему Иисус призывает нас быстро мириться с нашим противником. Потому что, когда мы предстанем перед Судьей и счета все еще не сведены, будут последствия.

Когда же мы добровольно идем в суд, чтобы исповедаться в своих грехах, агрессор ничего не может сделать с нами. Кровь Иисуса защищает нас от Его обвинений. Но если мы храним молчание и оправдываем наши грехи, у врага достаточно улик, чтобы нас осудили[29].

Не позволяйте делу дойти до этого! Скорее сводите счета. Быстро договаривайтесь и исправляйте ситуацию, когда кто-то имеет что-то против нас. Ничто не может запугать, помешать нам предстать перед Судьей, если мы будем так жить. В конце концов, мы знаем, что кровь Христа говорит лучше, чем кровь Авеля[30]. Кровь Авеля говорила от земли к Богу и призывала к мести и отмщению[31]. Однако кровь Агнца говорит с

28 Деяния 3:19
29 Матфея 5:25-26
30 Евреям 12:24
31 Бытие 4:10

небес. Она ходатайствует о нас и просит прощения, потому что мы не знали, что творили.

Заключение

Невозможно отделить Бога Судью от Бога Отца. В конце концов, Бог един. Он царствует, восседая на Своем престоле и приходит к нам во время прохлады дня, чтобы быть нашим Отцом. Точно так же, как мы можем научиться воспринимать Бога Отцом, мы можем научиться воспринимать Его Судьей. Этот Судья неподкупен, и Он не настроен против нас. Нет, Он праведный Судья, который ненавидит ложные показания. Что может быть лучше, чем иметь Судью, который благоволит нам, который также является нашим Отцом, нашим Другом и который готов помочь нам в нашей юридической битве с врагом? Более того, Его Сын - наш замечательный Советник, который ходатайствует о нас перед престолом. Давайте выберем Его сторону и признаем, что Он абсолютно беспристрастен. Как и Исаия, давайте обратимся к совершенному Триединому Богу, Который за, а не против нас.

Ибо Господь — судия наш, Господь — законодатель наш, Господь — царь наш; Он спасёт нас.

Исаия 33:22

В следующей главе мы увидим примеры судебных заседаний в Библии.

3

Суды Небесные в Библии

За последние годы церковь получила массу новых сведений о структуре небес. Мы особенно обязаны Иэну Клейтону - он преподает последние десять лет и подробно рассказывает о том, как устроена структура правительства в Царстве Небесном[32]. Важным элементом любой формы правления является регулирование отправления правосудия.

Чем больше я изучаю эту тему, тем больше мне кажется, что у меня в руках появилась совершенно новая Библия. Я нашел упоминания о небесных судебных системах во многих местах Писания, и у меня внезапно появилось четкое понимание: Божье правительство — это вечное правительство, построенное на правовой системе.

> *Умножению владычества Его и мира нет предела на престоле Давида и в царстве его, чтобы Ему утвердить его и укрепить его судом и правдою отныне и до века. Ревность Господа Саваофа соделает это.*

Исаия 9:7

Основы Его власти - суд и правда. Когда вы поймете, что Бог-Царь также является Судьей Своего творения, эта истина откроет вам глаза.

Среди толкователей Торы Раши является одним из величайших авторитетнейших раввинов[33]. Он постоянно и последовательно переводит еврейское слово Элохим как «Бог-Судья». В своем комментарии[34] к первым трем словам Библии в Бытие 1:1 Раши объясняет это следующим образом: «Когда (Бог Судия) творил в первый раз». Этими словами Тора доказывает, что основа творения заложена в

---

32 См. веб-сайт Иэна Клейтона для получения дополнительной информации: www. sonofthunder.org.

33 Раши жил во Франции с 1040 по 1105 год. Его комментарий к Торе занимает центральное место в иудейском образовании на протяжении последних 900 лет.

34 «Тайна Творения по Раши», Moznaim Publication Corporation.

праведности. Праведность — это вещество, сущность и основа, из которого выросло творение.

Как мы упоминали ранее, творение является уравновешенным в иудейском восприятии. Чтобы уравновесить творящего Бога-Судью, также должен быть другой Бог, который творит. Эта уравновешивающая грань Господа появляется в Бытии 2:4. Имя ГОСПОДЬ обозначается четырьмя буквами иврита: ЙХВХ. Раши говорит нам, что это имя означает: «Бог милостивый»[35]. Тора сообщает, что правление Всемогущего Бога Его творением укоренено в праведности и милосердии и благодати. Сможем ли мы теперь понять, что имел в виду Иоанн, когда сказал, что Иисус пришел в благодати и истине?

> *Ибо закон дан через Моисея; благодать же и истина произошли через Иисуса Христа.*
>
> *Иоанна 1:17*

Тора была дана Богом Моисею, но она не была исполнена. Иисус Христос, пришедший в благодати и истине, исполнил Тору. Тора содержит основные характеристики правовых систем на небесах. В ней изложены руководящие принципы, инструкции и последствия[36]. Это - основа Его Правления, но также имеются благодать и истина, и они происходят через Иисуса Христа. Вот почему Он называется нашим Адвокатом, нашим Защитником.

Христос пришел, чтобы восстановить равновесие в творении. Помимо голоса на небесах, взывающего к справедливости, теперь есть и голос на земле. Этот голос взывает о милосердии и несет истину. Без милосердия и истины праведное правление невозможно. Крайне важно, чтобы мы понимали, что Всемогущий Бог не может преступить Свои собственные законы и правила. В тот момент, когда Он не соблюдет Свои собственные законы, основа Его власти и правления разрушится. В этот момент Ему придется отречься от престола.

Библейские понятия, такие как «ковчег Свидетельства», «Совет Господень» и «отмена нашего юридического долга на кресте»[37], приобретают совершенно другое значение, когда вы рассматриваете их в контексте

---

35 «Тайна Творения по Раши», Moznaim Publication Corporation, 1982.

36 Тора означает инструкции

37 Исход 26:33-34; Исаия 19:17; Колоссянам 2:14

судебного заседания. Возможно, теперь мы понимаем, почему Бог ненавидит свидетеля неправды; вот почему Он написал целый закон об этом[38].

Крайне важно понимать, что Всемогущий Бог не может преступать Свои собственные законы и правила.

Теперь мы отправимся в путешествие по Библии и изучим некоторые примеры судебных систем на небесах. Это даст нам лучшее представление о том, на чем зиждется правление Царства Небесного. Благодаря этому путешествию мы научимся готовить собственный иск в суд Получение этого навыка - одна из главных целей данной книги. Мы должны знать, что на небесах есть Бог, Который оправдает нас, когда мы попросим Его об этом[39].

Видение Даниила

Мы начинаем наше путешествие с книги Даниила, глава 7. Даниил описывает видение, в котором он видит, как начинается заседание суда и открываются книги.

Видел я, наконец, что поставлены были престолы, и воссел Ветхий днями; одеяние на Нём было бело, как снег, и волосы главы Его — как чистая волна; престол Его — как пламя огня, колёса Его — пылающий огонь. Огненная река выходила и проходила пред Ним; тысячи тысяч служили Ему, и тьмы тем предстояли пред Ним; судьи сели, и раскрылись книги.

Даниил 7:9-10

Мы можем многое узнать о работе суда небесного, внимательно изучив этот отрывок Писания. Во-первых, мы видим, были поставлены престолы. Престол обозначает руководящий пост; то место, где устанавливаются законы, место правления и отправления правосудия. Здесь принимаются решения и отдаются приказы.

Кроме того, здесь принимаются решения по делам. Выносятся приговоры, иногда даже смертные приговоры. Принимаются или отменяются законы. Это напоминает обращение Президента США к стране, когда он объявляет политику правительства на предстоящий год. В Нидерландах король делает это каждый год в третий вторник

---

38 Исход 23:1-13
39 Второзаконие 10:18, 32:36; 3 Царств 8:49; Михея 7:9; Луки 18:1-9.

сентября в Рыцарском зале в Гааге. Это - единственный раз, когда он действительно садится на свой трон.

Даниил видит не один престол в своем видении, он видит много престолов. Это - заседание суда в полном составе. Такой судейский состав уполномочен выносить приговор. Поэтому мы видим, что решение о лишении зверей владычества принимается всеми судьями; это - коллегиальное решение.

Даниил видит, что входит называемый Ветхим Днями. Я считаю, что это Всемогущий, Бог-Судья, Творец небес и земли, Извечный. Престол Ветхого Днями отличается от других престолов. Пламя огня и колеса пылающего огня несут этот престол. Из-под этого престола выходит и течет огненная река.

> *Господь царствует: да радуется земля; да веселятся*
> *многочисленные острова. Облако и мрак окрест Его; правда*
> *и суд — основание престола Его. Пред Ним идёт огонь и*
> *вокруг попаляет врагов Его.*

Псалом 96:1-3

Это престол, с которого Господь правит Своими врагами. Он судит праведно и справедливо, и приговоры исполняются огнем. Затем Даниил видит миллионы существ, которые служат Ему, и сотни миллионов свидетелей перед престолом. Я полагаю, что мы также стоим перед Его престолом не для того, чтобы быть судимыми, но, чтобы своими глазами видеть, что приговоры исполняются над нашими врагами.

> *Видел я в ночных видениях, вот, с облаками небесными*
> *шёл как бы Сын человеческий, дошёл до Ветхого днями и*
> *подведён был к Нему.*

> *И Ему дана власть, слава и царство, чтобы все народы,*
> *племена и языки служили Ему; владычество Его —*
> *владычество вечное, которое не прейдёт, и царство Его не*
> *разрушится.*

Даниил 7:13-14

В этом видении Даниил описывает одно из самых важных событий в творении. Он говорит нам, что подобный Сыну Человеческому придет с облаками небесными и предстанет перед Ветхим днями. Я полагаю, что Даниил так описывает восхождение Иисуса на небеса. После того, как Иисус исполнил предназначенное Ему на земле, Он предстал перед престолом Ветхого днями. Там Он получил награду за совершенный Им великий труд.

Весьма примечательно, что Даниил видит то событие на небесах, которое произойдет на земле шестьсот лет спустя. Наше земное измерение времени выглядит по-другому в небесных измерениях. Даниил смог увидеть то, что еще только должно было случиться на земле. Мы видим, что почесть, оказанная Иисусу, является результатом решения совета, принятым в этом зале суда. Ведь мы видим, что суд приступил к заседанию и что книги раскрылись. Все, что там обсуждалось, было взято из написанного в книгах на небесах.

Иисус пришел на землю, потому что там был свиток, в котором была написана воля Бога для Его жизни[40]. Когда Он предстал перед престолом Ветхого днями, все, что Он совершил на земле, было судимо на основании написанного в книгах.

Искупление человечества могло произойти только в том случае, если были выполнены все требования Торы. Единственным органом, который может судить, так ли это, - является Совет Господень. Я могу получить свое спасение, прощение грехов, исцеление и восстановление только тогда, когда будет вынесен приговор. Именно это и наблюдает Даниил. Иисус стоит перед Судьей всех, и выносится приговор за все, что Он совершил на земле.

Исполнил ли Иисус все требования Торы? Имел ли Он законное право принести умилостивление за все грехи человечества? Все, что Иисус сделал на земле, каждый Его разговор и мысль были записаны в книгах на небесах. Вот почему книги раскрыты - все, что в них записано, используется в качестве доказательства в суде[41].

Неудивительно, что Даниил тронут до глубины духа, когда он наблюдает это видение. Он видит восстановление царства не только для Сына Божьего, но и для всех святых. Суд, который описывает Даниил — это суд, который оправдает всех святых. Этот суд обладает юрисдикцией назначать царей и свергать их с престола.

---

40 Евреям 10:7, Псалом 138:16.

41 Откровение 20:12

Доколе не пришёл Ветхий днями, и суд дан был святым Всевышнего, и наступило время, чтобы царством овладели святые.

Даниил 7:22

Книга Даниила описывает пост Даниила во время правления вавилонских царей. В его диалогах с царем Навуходоносором главенствовал только один вопрос: кто имеет реальную власть на земле? Даниил знал, что на небесах есть суд и все власти на земле должны повиноваться ему. Самое интересное, что имя Даниил означает: «Бог - мой судья» или «судья Божий». По этой ли причине Даниил, как никто другой пророк, получил такое глубокое понимание небесных судов?

Затем воссядут судьи и отнимут у него власть губить и истреблять до конца. Царство же и власть и величие царственное во всей поднебесной дано будет народу святых Всевышнего, Которого царство — царство вечное, и все властители будут служить и повиноваться Ему.

Даниил 7:26-27

В этом отрывке речь идет о суде, где выносятся приговоры, имеющие последствия для всего живого на земле. Я считаю, что это описание высшего суда в Царстве Небесном. Этот суд называется Советом Господним.

Совет Господень

В нескольких отрывках Писания упоминается особый суд, называемый Советом Господа, также известный как «сонм богов»[42] («собрание могущественных» в англ. - прим. пер.). Подобно тому, как на земле существуют различные виды правительственных учреждений и судов, в небесном измерении также существуют различные виды руководящих органов и судов. Однако между небом и землей есть одно существенное различие.

На земле судебная власть находится в руках падшего и коррумпированного правительства. До тех пор, пока Царство Небесное не проявится в своей полной славе на земле, коррупция и злоупотребление властью все еще могут наличествовать. Именно поэтому в нашем обществе законодательная, исполнительная и судебная

42 Псалом 81

власти отделены друг от друга. Полномочия по управлению отданы различным ветвям власти. Я расскажу об этом позже[43].

Возможно, вы знаете поговорку: «Власть портит людей. А неограниченная власть портит неограниченно». Хотя это может быть правдой на земле, это определенно не так на небесах[44]. Бога называют Всемогущим. Иисус получил всякую власть на небе и на земле. И никто из ипостасей Троицы не испортился. Их власть справедлива и праведна. Вот почему законодательная, исполнительная и судебная власть может находиться в руках одного суда и даже в руках одной личности.

Еврейское слово сод означает «совет, сокровенность, тайный совет». Ясод на иврите означает тайный Совет Господень. Бог, «Судья над всем», дает Своим советникам, сынам Божьим, возможность посовещаться с Ним о Его намерениях, прежде чем Он примет решение. Это очень важная характеристика нашего Бога. Он желает, чтобы мы участвовали в управлении Его царством. Он хочет услышать наше мнение, прежде чем примет решение. Мы читаем об этом в книге Иова, Псалмах и Иеремии.

> *Разве совет Божий ты слышал и привлёк к себе премудрость?*

> *Иов 15:8*

> *Ибо кто стоял в совете Господа и видел и слышал слово Его? Кто внимал слову Его и услышал?*

> *Иеремия 23:18*

Решения, принятые на этом Ясоде - Совете Господа - оказывают влияние на все творение. Более того, решения, которые на нем принимаются, являются основой всего нашего существования. Ведь именно на этом Совете было принято решение о создании человеческого рода по образу Творца.

> *И сказал Бог: сотворим человека по образу Нашему и по подобию Нашему, и да владычествуют они над рыбами морскими, и над птицами небесными, и над скотом, и над всею землёю, и над всеми гадами, пресмыкающимися по земле.*

> *Бытие 1:26*

---

43 Стр. 65
44 Матфея 28:18

Меня учили, что слово «сотворим» в этом стихе относится к триединому Богу - Отцу, Сыну и Духу. Они вместе приняли решение создать род человеческий. Но иудейское толкование проливает дополнительный свет на этот стих. Раввины говорят нам, что этот стих выражает смирение нашего Бога[45]. Прежде чем Он начал создавать человеческий род, Он посоветовался с группой Своих советников, которые собрались вместе в суде. Об этом Совете можно сказать очень многое, но он не является основной темой нашей книги. В следующей главе я углублюсь в решения, которые принимаются на этом Совете[46].

Книга Амоса показывает нам другой аспект Совета Господня. Там говорится о функции, которую пророки Божьи выполняют в Царстве Небесном. Их задача - произносить на земле слова, которые Всевышний сказал в Ясоде. Пророки Господни получили честь слышать совет Господень в Ясоде и передавать услышанное дальше.

> *Ибо Господь Бог ничего не делает, не открыв Своей тайны рабам Своим, пророкам. Лев начал рыкать — кто не содрогнётся? Господь Бог сказал — кто не будет пророчествовать?*

Амос 3:7-8

Слово «тайна» в этом стихе - еврейское слово «сод». Здесь Бог делится Своими тайнами со Своими пророками. Далее мы увидим, какие слова пророк Михей услышал на этом Совете.

Видение пророка Михея

Михей - тот самый пророк, которого цари Израиля и Иудеи призвали прийти к воротам Самарии, чтобы проконсультироваться у него по государственным вопросам. В те дни было принято, чтобы пророки и провидцы давали советы царям о важных политических и военных решениях. Это было одной из задач пророков. Царь Иосафат и царь Ахав планировали вступить в войну с царем Сирии, чтобы вернуть захваченные у них земли.

Все четыреста пророков двора царя Ахава и Иезавели пророчествовали, что цари будут успешны в битве. Но царь Иосафат не доверял им. Он спросил, есть ли другой пророк, и был вызван Михей. Посланник, отправленный, чтобы привести Михея к

---

45 «Тайна Творения по Раши», Moznaim Publication Corporation, 1982.

46 Страница 93

царям, рассказал Михею, что пророчествовали все остальные пророки, но Михей ответил, что он будет говорить только те слова, которые скажет ему Господь.

Первый совет Михея царям был таким же, как у других пророков, но царь Ахав пришел в ярость. Он знал, что Михей обманул его. Именно тогда Михей рассказал им, что он на самом деле увидел.

> *И сказал Михей: выслушай слово Господне: я видел Господа, сидящего на престоле Своём, и всё воинство небесное стояло при Нём, по правую и по левую руку Его; и сказал Господь: кто склонил бы Ахава, чтобы он пошёл и пал в Рамофе Галаадском? И один говорил так, другой говорил иначе; и выступил один дух, стал пред лицом Господа и сказал: я склоню его. И сказал ему Господь: чем? Он сказал: я выйду и сделаюсь духом лживым в устах всех пророков его. Господь сказал: ты склонишь его и выполнишь это; пойди и сделай так.*

3 Царств 22:19-22

Здесь мы видим, что Господь на Своем престоле также принимает решения, которые повлияют на землю. Во время этого судебного заседания советники стоят справа и слева от престола. Тема совета - не дискуссия о том, умрет ли Ахав в Рамофе. Нет, они обсуждают, как это выполнить.

Михей очень точно описывает то, что он наблюдал на небесах. Он изображает Всемогущего Царя, спрашивающего совет по важному решению. Присутствующие приглашены представить свои идеи. Может быть, то, что происходит на земле, является настоящей тенью того, что происходит на небесах?

А в Самарии, как мы видим, царь Иосафат и Ахав также сидят на своих престолах. И они также просят совета по важным государственным вопросам. Из этого отрывка можно сделать вывод, что события на земле являются тенью событий на небесах. В Библии очень много раз рассказывается, что то, что происходит на небесах, происходит и на земле. Это наблюдение может нам очень сильно помочь, особенно когда нам не хватает опыта наблюдения происходящего в духовном мире. Изучая ситуации на земле, мы можем составить представление о том, что происходит на небесах.

Все закончилось не очень хорошо для Михея. Царь Ахав сказал, что Михея следует бросить в темницу, пока он, Ахав, благополучно не вернется с битвы, доказав тем самым, что Бог не говорил через Михея.

Но царь Ахав умер и не вернулся. Михей сказал правду. Вполне вероятно, что этот пророк провел остаток своей жизни в тюрьме. Цена, которую пророки Божьи платят за честь быть вестником Совета Господня на земле, может быть очень высокой.

Судебное дело Иова

Большинство из нас знакомы с историей Иова. Он был праведным и благочестивым человеком, который внезапно потерял все, что имел и любил. И если этого мало, он также сильно заболел и был изгнан из своей общины. Многие находят утешение в истории Иова, потому что в конце концов все закончилось хорошо.

Но это - лишь поверхностное понимание истории. В этой книге происходит гораздо больше. Фактически, книга Иова — это рассказ о судебном процессе между Богом и сатаной. С самого начала мы видим эту юридическую дискуссию между Богом и сатаной.

И был день, когда пришли сыны Божии предстать пред Господа; между ними пришёл и сатана. И сказал Господь сатане: откуда ты пришёл? И отвечал сатана Господу и сказал: я ходил по земле и обошёл её. И сказал Господь сатане: обратил ли ты внимание твоё на раба Моего Иова? ибо нет такого, как он, на земле: человек непорочный, справедливый, богобоязненный и удаляющийся от зла.

> *И отвечал сатана Господу и сказал: разве даром богобоязнен Иов? Не Ты ли кругом оградил его и дом его и всё, что у него? Дело рук его Ты благословил, и стада его распространяются по земле; но простри руку Твою и коснись всего, что у него, — благословит ли он Тебя? И сказал Господь сатане: вот, всё, что у него, в руке твоей; только на него не простирай руки твоей. И отошёл сатана от лица Господня.*

> *Иова 1:6-12*

Здесь происходит несколько вещей. Во-первых, сыны Божьи пришли предстать перед престолом. Это был не случайный визит. Когда кто-либо предстает перед высшим органом власти — это официальное событие. Пример - когда посол вручает свои верительные грамоты королю Нидерландов. Затем внезапно появляется сатана. Поскольку Господь спрашивает его, откуда он пришел, ясно, что сатана не предстал должным образом.

Затем между Судьей и сатаной, обвинителем, происходит правовой спор о жизни Иова. В ней мы видим, что Бог высоко отзывается об

Иове, потому что он непорочен и богобоязнен.

Но сатана говорит, что он ничего не может сделать Иову, потому что против него издано запретное предписание. Вокруг Иова существовали правовые границы, которые не позволяли сатане причинять тому ущерб. Но сатана использует несколько аргументов, которые дадут ему законное право напасть на Иова, и в результате Судья передает Иова и его имущество в руки сатаны.

Но, читайте внимательно. Опять же, вводится правовое ограничение. Сатане не позволено нанести вред самому Иову. Обозначен предел полномочий сатаны. Похоже, что лукавый не обладает неограниченной властью. Наоборот, его действия ограничены юридическими рамками. Судья должен дать разрешение, прежде чем сатана сможет простереть руку на кого-либо. Вскоре после того, как сатана покидает присутствие Господа, Иова настигают несколько бедствий.

Некоторое время спустя после того, как Иов теряет всех своих детей и многочисленные владения, происходит второе судебное заседание. Но на этот раз не только сыны Божьи предстают там. Сатана также приходит предстать, и он выступает с официальными полномочиями.

> *Был день, когда пришли сыны Божии предстать пред Господа; между ними пришёл и сатана предстать пред Господа. И сказал Господь сатане: вот, он в руке твоей, только душу его сбереги. И отошёл сатана от лица Господня и поразил Иова проказою лютою от подошвы ноги его по самое темя его.*

Иов 2:1,6,7

Во время этого заседания сатана получает законное право напасть лично на самого Иова. Но опять же, его полномочия ограничены. Ему не разрешается убить Иова. Значимость обеих ситуаций проявлена в том способе, которым сатана представляет свои аргументы. Он обвиняет Бога в том, что не может прикоснуться к Иову. Это никак не впечатляет Всемогущего. Бог также хвалит Иова, признавая, что ему еще многому предстоит научиться.

Размещение граничных камней

В обоих случаях мы читаем, что у сатаны нет неограниченной власти, чтобы выпустить пылающую ярость на Иова. Судья накладывает ограничение на его власть. В первом случае сатане не разрешается прикасаться к Иову; он может только навредить его семье и имуществу. На втором заседании сатана снова сталкивается с запретительным судебным приказом. Теперь он может коснуться Иова, но убить его запрещено.

Сатана постоянно ищет законное основание, чтобы напасть на нас. Он использует наши собственные грехи, грехи наших предков или грехи нашей культуры. В тот момент, когда он получит достаточно улик, он тут же представляет эти доказательства в суд. Там он будет требовать права мешать и препятствовать нам. Так было и с учениками Иисуса. Сатана сделал все, чтобы погубить их.

Симон! Симон! се, сатана просил, чтобы сеять (англ. - просеивать - прим. пер.) вас как пшеницу, но Я молился о тебе, чтобы не оскудела вера твоя; и ты некогда, обратившись, утверди братьев твоих.

Луки 22:31-32

Мы часто слышим, что сатана нападал только на Петра, но Иисус ясно заявляет, что сатана требовал просеять каждого из учеников. Возможно, вы спрашиваете, почему Бог позволил сатане просеять их. Почему Иисус не сказал, что требования сатаны незаконны?

Мы должны понимать, что то, что случилось с Иовом и с учениками, было разрешено, потому что для этого были юридические основания. Но даже в этом случае в итоге все сработало в их пользу. Ограничения, которые испытывал Иов в своем хождении с Богом, ушли. Ученики очистились от плевел, которые были в их жизни. Вот почему Иисус говорит им, что, обратившись (англ. - покаявшись - прим. пер.), они должны будут укрепить своих братьев. У Бога вся власть на небесах и на земле. Сатана не может превзойти Его. Что бы ни происходило в нашей жизни, мы можем быть уверены, что все содействует ко благу любящим Его[47].

Иисус говорит Симону, что Он попросил об ограничении, как это было сделано и в жизни Иова. Иисус просил, чтобы его вера (Симона - прим. пер.) была сохранена. Опять же, степень полномочий сатаны была ограничена. Это очень важно. Степень свободы для маневров сатаны

---

47 Римлянам 8:28

ограничивается во время судебного разбирательства по делу
Иова. Когда мы входим в суды небесные, чтобы ходатайствовать
за себя, свою семью или свой город, мы тоже можем попросить Судью
ограничить пространство для маневра сатаны. Это - важная часть
судебного заседания, потому что мы не хотим предоставить сатане
свободу делать все, что он хочет.

И опять же, степень полномочий сатаны была ограничена.
Это очень важно.

Это - та власть, которую мы можем применить во время ходатайства.
Иисус сказал, что в последние дни произойдут всевозможные войны,
землетрясения и катастрофы[48]. Но нам разрешено ходатайствовать
перед престолом и просить Судью ограничить власть сатаны.
Предотвратить землетрясения не всегда возможно, но вы можете
просить, чтобы его сила была ограничена пятью баллами по шкале
Рихтера или чтобы во время урагана порывы ветра не превышали
80 миль в час. Таким образом мы берем на себя ответственность за
территорию, на которой Бог нас поместил.

Ходатайство Иова

Как я уже упоминал ранее, Книга Иова — это описание заседания
суда. В Писании многие стихи указывают на то, что идет судебная
тяжба. Это подтверждается использованием терминов, таких
как посредник, (не)справедливость , беззаконие, праведность,
праведный, спор и тяжба. В какой-то момент Иов понимает, что в
этой истории должно быть что-то еще. То, что с ним случилось, не может
быть простым совпадением.

> *Выслушайте внимательно слово моё и объяснение моё*
> *ушами вашими. Вот, я завёл судебное дело: знаю, что буду*
> *прав. Кто в состоянии оспорить меня? Ибо я скоро умолкну*
> *и испущу дух.*

Иов 13:17-19

Слово «объяснение» (англ. «декларация» - прим. пер.) можно
рассматривать как представление дела в суде. Иов знает, что
происходит что-то иное, но он еще не знает, кто его противники. Он
также понятия не имеет, почему это происходит с ним. Он

48 Матфея 24:7; Луки 21:9

не знает, какие обвинения ему предъявлены. Вот почему он ищет решение, чтобы его жалоба была услышана.

> *Я изложил бы пред Ним дело моё и уста мои наполнил бы оправданиями; узнал бы слова, какими Он ответит мне, и понял бы, что Он скажет мне. Неужели Он в полном могуществе стал бы состязаться со мною? О, нет! Пусть Он только обратил бы внимание на меня. Тогда праведник мог бы состязаться с Ним, — и я навсегда получил бы свободу от Судии моего.*

Иов 23:4-7

Как часто мы сталкиваемся с такой же борьбой в нашей жизни? Великая несправедливость произошла с нами, и глубоко внутри мы знаем, что мы не виноваты в этом. Конечно, мы не совершенны, но страдания, которые случаются с нами, не пропорциональны нашим долговым обязательствам перед Богом. Во всем этом Иов не согрешил своими словами. Он не всегда говорит слова мудрости, но сохраняет уважение и благоговение перед Всемогущим Богом, который является его Судьей.

Наконец, в конце испытания Иова Сам Бог является Иову и избавляет его от страданий. На протяжении четырех глав Бог Всемогущий говорит с Иовом. Я думаю, что это самая длинная речь Бога, записанная в Библии.

Обратите внимание, как Бог помогает Иову. Он задает ему бесконечную череду вопросов, на которые у Иова нет ответов. Но суть не в ответах. Эти вопросы помогают Иову дистанцироваться от собственных обстоятельств. Бог приводит его к началу всего сущего. Он показывает Иову, как выглядят его обстоятельства, если смотреть на них с точки зрения вечности, даже до того, как Бог начал вершить Свое творение. Бог помогает Иову вспомнить, как все было вначале.

Иов наконец видит, кто его настоящий противник и что противник сделал с ним. Он узнает, какие обвинения были выдвинуты против него. Все это описано в последних главах книги Иова. Чем закончилась эта битва? Иов капитулирует перед Богом и признает, что Бог всемогущ. Его глаза наконец увидели Всемогущего. Это полагает конец всем дискуссиям. Вот чему мы можем научиться у Иова: какой бы жестокой ни была битва, взирай на Того, Кто может нас искупить.

Посему и мы, имея вокруг себя такое облако свидетелей, свергнем с себя всякое бремя и запинающий нас грех и с терпением будем проходить предлежащее нам поприще, взирая на начальника и совершителя веры Иисуса, Который, вместо предлежавшей Ему радости, претерпел крест, пренебрегши посрамление, и воссел одесную престола Божия.

Евреям 12:1-2

Основная цель судебного дела в книге Иова - освободить его от ограничений в переживании Бога таким, какой Он есть на самом деле. Хотя Иов был праведным и справедливым, он знает Всемогущего только по слухам. Эта битва изменила сердце Иова. Он стал смиренным человеком, который теперь может сказать: «Теперь же глаза мои видят Тебя, и я раскаиваюсь».

Пусть это будет для нас ободрением. В конце концов, Бог вознаградит нас так же, как Он вознаградил Иова, если мы будем терпеть до конца.

Терпение нужно вам, чтобы, исполнив волю Божию, получить обещанное; ибо ещё немного, очень немного, и Грядущий придёт и не умедлит. Праведный верою жив будет; а если кто поколеблется, не благоволит к тому душа Моя.

Евреям 10:36-38

Заключение

В этой главе мы совершили короткое путешествие по Библии. Мы видели несколько примеров небесных судебных систем. Если вы хотите узнать больше об этом, изучите Псалмы. Давид много писал о праведности и справедливости. В Писании есть и другие отрывки, которые относятся к судам небесным.

Божье правление основано на небесной судебной системе. По своей сути, Царство Божье зиждется на праведности и справедливом суде. Таковы основания Его престола и Его правления. Он - Судья над всей землёй, и Он вершит справедливый суд над всем и всеми в Своём творении. Только когда у вас откроются глаза на эту истину, вы сможете увидеть, как часто в Библии используется юридическая терминология.

В следующей главе мы увидим, что Иисусу были предъявлены

обвинения в трех различных судах, прежде чем Его смогли приговорить к смертной казни.

4

Признание Иисуса Христа
ВИНОВНЫМ

Как мы уже увидели, процессы и протоколы происходящего на земле являются отражением того, что происходит на небесах. Если мы понимаем, что на земле есть несколько видов судов, мы можем сделать вывод, что так обстоит дело и на небесах.

Каждый суд на земле имеет свою юрисдикцию и судебные полномочия. Точно так же каждый суд на небесах имеет свою юрисдикцию и право выносить приговор в определенных ситуациях. Так же, как есть Международный уголовный суд в Гааге, есть и такой суд на небесах, называемый военно-полевым судом.

Когда мы рассматриваем распятие Иисуса с юридической точки зрения, мы видим, что Его допрашивали в нескольких разных судах. В итоге, Иисус был приговорен к смертной казни в одном суде; другие суды не обладали юрисдикцией для вынесения такого приговора. Чтобы прояснить это, давайте отправимся в Иерусалим, чтобы посмотреть, как проводился суд над Иисусом.

Иерусалим 33 г. н.э.

Ситуация в Иерусалиме напряженная. На площади в несколько квадратных километров собралось свыше 250000 иудеев на праздник Песах. Они празднуют освобождение от врага, который держал их в плену и угнетал их на протяжении долгих столетий. Конечно же римляне настороже. Иудея зарекомендовала себя мятежной провинцией в Римской империи, поэтому Цезарь поставил испытанного войной Понтия Пилата правителем для сохранения мира. Демонстрируя свою власть, он также выражал и свое презрение, как бы говоря: «Можете петь, танцевать и молиться сколько угодно, но вы есть и всегда будете подданными Рима». Пилат был известен жестокостью, с которой выполнялись его приказы.

Члены синедриона представляли собой религиозный совет иудейского общества. Этот совет состоял из фарисеев и саддукеев, одновременно они были высшим религиозным судом в Израиле. Римляне абсолютно не интересовались делами иудеев, связанными с внутренним законом. Они хотели одного - мира в этом регионе. Это давало руководству иудейского народа некоторую свободу для маневра, но каждый из них знал, что он лично понесет ответственность, если все выйдет из-под контроля. Это стоило бы им жизни в самом жестоком смысле этого слова.

За последние несколько лет популярность Иисуса настолько возросла, что это стало проблемой для членов совета. Соломинкой, которая сломала хребет верблюду, стало воскрешение Лазаря. Многие иудеи поняли, что этот Иисус далеко не просто плотник. Народ начинает думать, что Он и правда может быть обещанным Мессией, который восстановит царство Давида. И одновременно освободит народ от римлян. Вот почему первосвященники и фарисеи созывают совет; там они должны принять решение о Его смерти.

> *Тогда первосвященники и фарисеи собрали совет и говорили: что нам делать? Этот Человек много чудес творит. Если оставим Его так, то все уверуют в Него, и придут Римляне и овладеют и местом нашим, и народом.*

> *Иоанна 11:47-48*

Во время Песаха религиозные лидеры сталкиваются с огромной и сложной проблемой: 250000 верующих собралось в переполненном городе, тут же находится Мессия, который стал популярным героем, и, опять же, римские власти, которые с подозрением следят за всем этим. Одного лишь этого достаточно, чтобы арестовать Иисуса до наступления Песаха.

Но их самый большой кошмар становится реальностью, когда Иисус входит в восточные ворота, и люди начинают величать Его как Царя. Для совета жизненно важно пресечь это движение в зародыше. Должен ли Иисус умереть или нет, для них уже не вопрос. То ли из ревности или то ли от религиозных убеждений, они приходят к выводу, что смерть Иисуса просто необходима для поддержания мира в Иудее и спасения их собственной жизни. Остается только вопрос, как это сделать на законных основаниях. Нельзя просто лишить Его жизни; это приведет к огромному восстанию. Нет, они должны убедить всех, что Его смерть оправдана Торой.

> *и искали первосвященники и книжники, как бы погубить Его, потому что боялись народа.*

> *Луки 22:2*

И вот, впервые им повезло. Иуда добровольно вызывается помочь им арестовать Иисуса. Иисус схвачен в Гефсиманском саду, Его допрашивают во внутреннем дворе дворца Каиафы. Они пытаются выдвинуть обвинения и принести убедительные доказательства суду, чтобы закрыть дело. Но судебное дело может быть возбуждено по показаниям двух-трех свидетелей, поэтому они подкупают свидетелей для дачи ложных показаний. Это нарушает закон Моисея, но цель оправдывает любые средства, не так ли[49]?

Несмотря на все приложенные усилия, они не могут найти достаточно юридически убедительные доказательства. Они впадают в отчаяние, но, вот, Сам Иисус дает им повод. Его показания настолько сильны, что им не нужны больше свидетели.

> *И, встав, первосвященник сказал Ему: что же ничего не отвечаешь? что они против Тебя свидетельствуют? Иисус молчал. И первосвященник сказал Ему: заклинаю Тебя Богом живым, скажи нам, Ты ли Христос, Сын Божий? Иисус говорит ему: ты сказал; даже сказываю вам: отныне узрите Сына Человеческого, сидящего одесную силы и грядущего на облаках небесных. Тогда первосвященник разодрал одежды свои и сказал: Он богохульствует! на что ещё нам свидетелей? вот, теперь вы слышали богохульство Его! как вам кажется? Они же сказали в ответ: повинен смерти.*

> *Матфея 26:62-66*

Если бы Иисус молчал, я убежден, что совет не приговорил бы Его к смерти. Но теперь именно Иисус предоставил необходимые доказательства. Он признан виновным и, в соответствии с иудейским законом, должен умереть. Проблема в том, что иудейское руководство, подчиненное римскому правительству, не имеет юрисдикции для исполнения смертной казни.

Синедрион

Осуждение Иисуса начинается с допроса в суде по религиозным делам - Синедрионе. Здесь Иисуса судят по иудейским законам. Синедрион состоит из семидесяти членов, его возглавляет Первосвященник того года - Каиафа. Этот совет обладает полномочиями

---

49 Исход 23:1-13

приговорить человека к смертной казни, но им не разрешено казнить его без санкции римского правительства.

В Деяниях 5-й главе мы видим интересную историю о том, как действует Синедрион. После излияния Святого Духа для Синедриона все пошло из рук вон плохо. Некогда небольшая группа последователей Иисуса стала растущим, влиятельным движением, и народные толпы любили этих последователей. Убийство Иисуса не принесло Синедриону желаемого результата. Итак, они пытаются любыми возможными способами помешать этому движению набрать обороты. Были арестованы лидеры, их допросили и наказали. Синедрион имел на это полномочия, иначе народ взбунтовался бы. Но благодаря совету Гамалиила верующие избежали осуждения на смерть. Их просто избили и отпустили.

Вот почему против Иисуса были выдвинуты обвинения, основанные на римском праве.

После этого мы видим, что Савл получил грамоты от Синедриона, которые давали ему широкие полномочия. Его власть основывалась на решении совета, которое Синедрион запечатлел на свитке. Это решение давало ему право охотиться за иудеями, которые стали последователями Иисуса. Юрисдикция Синедриона была настолько обширной, что Савлу было разрешено хватать иудеев даже в чужой стране.

Савл же, ещё дыша угрозами и убийством на учеников Господа, пришёл к первосвященнику и выпросил у него письма в Дамаск к синагогам, чтобы, кого найдёт последующих сему учению, и мужчин и женщин, связав, приводить в Иерусалим.

Деяния 9:1-2

Суд Пилата

После принятия советом обвинительного приговора, Иисус был приведен на суд к Пилату. Того абсолютно не интересуют внутренние проблемы иудеев. Вот почему он говорит: «Судите Его по вашему закону».

Они сказали ему в ответ: если бы Он не был злодей, мы не предали бы Его тебе. Пилат сказал им: возьмите Его вы, и по закону вашему судите Его. Иудеи сказали ему: нам не позволено предавать смерти никого.

Иоанна 18:30-31

Пилат не хочет восстания в переполненном народом городе, но и от первосвященников и книжников не так легко избавиться. Они полны решимости казнить Иисуса до начала Пасхи. Вот почему против Иисуса были выдвинуты обвинения, основанные на римском праве. Пилата все дальше загоняют в угол. Действительно ли ему нужно осудить этого человека? Он вообще не хочет этого делать. Его задача - поддерживать мир в Иудее. Он обеспокоен тем, что убийство национального героя нарушит стабильность или покой в регионе.

Вот почему Пилат спрашивает, какие именно обвинения были выдвинуты против Иисуса. Обвинения, выдвинутые иудеями, не касаются вечного спасения, которое Иисус обещает всем, кто верит в Него; они не касаются заботы о бедных или служения Богу всем сердцем. Вместо этого они выдвигают обвинения против Иисуса, основанные на нарушениях римского права.

Пилат вышел к ним и сказал: в чём вы обвиняете Человека Сего?

Иоанна 18:29

Иудеи говорят, что Иисус утверждал, что Он Сын Божий, и что Он возглавит неизбежное восстание против Цезаря. Согласно римскому праву, может быть только один бог: Цезарь, который самопровозгласил себя сыном бога и царем всех царей. Каждый, кто подчиняется римскому правлению, должен чтить его.

Иудеи говорят, что Иисус утверждал, что Он Сын Божий, и что Он возглавит неизбежное восстание против Цезаря.

По римскому праву титул «сын Божий» принадлежит только одному человеку: Цезарю. На монетах его империи так и написано об этом. Как только Пилат слышит, что Иисус называет Себя Сыном Божьим и иудейский народ почитает Его Царем, он приходит в ужас. Как правитель Иудеи, он имеет право приговорить Его к смертной казни. Римское право дает ему эту юрисдикцию.

Суд Ирода

Но как только появляется возможность осудить Иисуса чужими руками, Пилат тут же ею пользуется. Он отправляет Иисуса на суд к Ироду. Его суд уполномочен выносить приговоры всем галилеянам. Возможно, Пилат думал, что так сможет подшутить над Иродом – они были врагами друг другу. Или, может быть, Пилат подумал: «Пусть Ирод сам разберется, *а я таким макаром выкручусь.*

> *И, узнав, что Он из области Иродовой, послал Его к Ироду, который в эти дни был также в Иерусалиме.*

> *Луки 23:7*

Хотя Ирод и уполномочен судить галилеян, он тоже не может вынести приговор. Представ перед Иродом, Иисус не проронил ни слова, что отнимает у Ирода возможность осудить Его. Это удивительно и примечательно, потому что ранее Иисус отвечал на вопросы, заданные в Синедрионе и на суде Пилата. Мне кажется, что Иисус показывает так, что он не признает суд Ирода.

Осуждение

Но вскоре эта суета закончилась. Ирод посылает Иисуса обратно к Пилату, облачив Его в яркую одежду. Как и Иосиф, Иисус предан своими братьями иностранной державе. Стоит также упомянуть, что Пилат и Ирод становятся друзьями после этих событий.

Иисуса переводят из одного суда в другой с целью приговорить Его к смертной казни. Первосвященники и фарисеи приходят в отчаяние. Приближался великий Шаббат. Они должны торопиться. Иисус должен быть убит до захода солнца, так или иначе. Первосвященники и фарисеи призывают Пилата приговорить Иисуса к смертной казни.

Пилат трижды пытается избежать вынесения смертного приговора. Он не может найти ничего, что заслуживало бы смертной казни. Но вожди иудейского народа начинают бунтовать прямо в суде, чего Пилат как раз и не хочет, поэтому он отдает Иисуса на распятие.

> *Он в третий раз сказал им: какое же зло сделал Он? я ничего, достойного смерти, не нашёл в Нём; итак, наказав Его, отпущу. Но они продолжали с великим криком требовать, чтобы Он был распят;*

*и превозмог крик их и первосвященников. И Пилат решил
быть по прошению их. и отпустил им посаженного за
возмущение и убийство в темницу, которого они просили; а
Иисуса предал в их волю.*

Луки 23:22-25

Заключение

Смерть Иисуса на кресте - событие, поразившее нас до глубины
души. Наше спасение, исцеление и свобода были получены на кресте.
Было очень важно, чтобы Его страдания и смерть соответствовали
всем требованиям закона. Победа над сатаной была подтверждена
законным приговором, вынесенным Судьей всей земли. Поскольку
сатана был юридически побежден, мы стали юридически оправданы,
освобождены от греха.

Мы понимаем, что каждая юридическая сторона, участвовавшая
в суде над Иисусом, была связана правилами и положениями
своей собственной правовой системы. Первосвященники и
фарисеи осудили Иисуса на основании Торы. Допрос перед
Иродом был бесполезен - Ирод не смог вынести обвинительный
приговор Иисусу в силу отсутствия доказательств. Пилат же мог
осудить Иисуса только на основании римского права, поскольку
обвинения в Его адрес должны были соответствовать требованиям этого
законодательства.

Эти выводы очень важны для нас. Если с нами поступили
несправедливо, и мы хотим, чтобы Бог оправдал нас, мы должны не
только соблюсти юридические протоколы. Мы также должны обратиться
в правильный суд. Если мы этого не сделаем, наш противник может
объявить нас неприемлемыми для суда. Это также может произойти,
если наши обвинения не основаны на соответствующем законе. Только
когда мы предстанем перед надлежащим судом и наши обвинения будут
основаны на надлежащих законах, Бог сможет оправдать нас.

Поэтому давайте выясним, в каком суде мы должны представлять
наше дело. Есть суд, где каждый верующий на основании Слова
Божьего может представить свое дело. Этот суд называется
выездным судом, мы обсудим его в следующей главе.

5

Выездной суд

Правление в Царстве

В Библии есть множество историй, из которых можно почерпнуть информацию о том, что происходит на небесах. Авраам, Моисей, Давид, Павел, Иоанн и многие пророки видели или переживали на себе действия небес, и эти их переживания дошли до нас в записи. Опираясь на эти данные о правительственных структурах на небесах, многие цивилизации на земле создали подобные структуры, которые являются тенью небесных правительственных структур.

В Библии слово со значением «правительство» используется три раза. Самый знакомый нам отрывок - Исаия 9:6-7, где пророчество об Иисусе говорит, что владычество будет на Его раменах (плечах). Здесь говорится не только о владычестве на земле, но и на небесах. На земле правитель управляет определенной территорией и владычествует ей. Он правит по законам этой страны, и в этих законах определены его полномочия.

Лучший способ понять небесное правительство - изучить соответствующие понятия древнего Израиля. Синагога являлась сущностью еврейского общества. Она была местом встречи. Она была местом молитв, учебы, местом правосудия. Бейт-Дин, также называемый «домом судей» или «коллегией троих», формировался из руководства синагоги[50]. Этот совет состоял как минимум из трех членов. От членов этого совета требовалось отличное знание Торы и ведение праведной жизни.

Семь праведных и уважаемых мужчин и женщин помогали Бейт-Дину, и их называли «коллегией семерых». Члены этой объединенной команды из десяти человек возглавляли синагогу. Они были освобождены от любых работ. Так они могли сосредоточиться на изучении Торы и служению сообществу. Они преподавали закон, осуществляли пастырскую опеку и объявляли о

---

50 Википедия: https://ru.wikipedia.org/wiki/%D0%91%D0%B5%D0%B9%D1%82-%D0%B4%D0%B8%D0%BD

судебных решениях в селении. Синагогу можно было создать только при условии, когда община способна обеспечить эту команду из десяти руководителей.

Библейские примеры Бейт-Динов

В Библии приведено множество примеров работы Бейт-Дина. По сути, это - команда из трех человек, отвечающая за управление территорией или сферой. У Израильского народа три отца-основателя: Авраам, Исаак и Иаков. У Ноя, правившего новой землей, было три сына: Сим, Хам и Иафет. Давид управлял своим царством с помощью трех храбрых: Исбосефа Ахаманетянина, Елеазара и Шаммы. Даниила в Вавилоне поддерживали его друзья Анания, Мисаил и Азария. У Иисуса было три ученика, из которых сформировался круг Его ближайших учеников: Иоанн, Петр и Иаков.

Члены Бейт-Дина обладали юрисдикцией принимать законы и правила, они имели власть управлять в духовном мире. Именно это имел в виду Иисус, когда Он говорил о связывании и разрешении на земле. Всякое их решение на земле имело последствия на небесах.

> *и дам тебе ключи Царства Небесного: и что свяжешь на земле, то будет связано на небесах, и что разрешишь на земле, то будет разрешено на небесах.*

Матфея 16:19

Мы видим в нашем обществе наглядный пример такого типа правления. Земное правительство — это тень небесной структуры. Многие страны знакомы с концепцией разделения ветвей власти, также известной как trias politica. В соответствии с этой моделью правительство государства делится на ветви, каждая из которых наделена отдельными и независимыми полномочиями и областью ответственности, так что полномочия одной ветви не противоречат полномочиям других ветвей. Типичное разделение: законодательная, исполнительная и судебная власть, что и является моделью trias politica[51].

Законодательная власть принимает законы управления нацией. Исполнительная власть отвечает за повседневное управление страной, например, управлением полицией или вооруженными силами. Судебная власть отвечает за проверку этой функции исполнения на предмет соответствия закону.

51 Разделение властей https://ru.wikipedia.org/wiki/%D0%A0%D0%B0%D0%B7%D0%B4%D0%B5%D0%BB%D0%B5%D0%BD%D0%B8%D0%B5_%D0%B2%D0%BB%D0%B0%D1%81%D1%82%D0%B5%D0%B9

В спортивном мире можно увидеть другую форму коллегии троих. Во многих видах спорта выявляются три победителя соревнований, которые ставятся выше других соперников. Они главенствуют над остальными, их награждают золотом, серебром и бронзой в знак превосходства над другими. Большинство спортсменов стремятся быть в первой десятке своего вида спорта.

Правительство на небесах

На небесах правление престола Божьего также называется Бейт-Дин, или Коллегия Троих. Это правление находится в руках Бога Отца, Бога Сына и Бога Святого Духа. Они превыше всего, что было сотворено. Семь духов Божьих, стоящих перед престолом, поддерживают правление триединого Бога. Иэн Клейтон объясняет в своей книге, что семь духов Бога поддерживают престол и не являются выражением Святого Духа[52].

По словам раввина д-ра Гиллеля бен Давида, Павел упоминает именно труд этой коллегии семерых в синагоге в Послании к Ефесянам 4[53]. Эта коллегия состояла из апостола, пророка, евангелиста, трех пасторов и учителя[54]. Их задача - совершать святых, чтобы они стали совершенными во Христе. Руководители Бейт-Дина, отвечающие за синагогу были незаметны. Они были сокрыты во Христе внутри меноры. Они отвечали за обучение, молитву и провозглашение правосудия. Семь их помощников отвечали за пастырскую заботу и благополучие своего сообщества. Вместе они были Светом Христа. Они были менорой - светом, который светит в мир.

Еще один отличный пример такой поддержки мы находим в Деяниях. Когда грекоязычными иудеями стали пренебрегать в ежедневном распределении еды, среди членов первой церкви возникла напряженная обстановка. Апостолы под руководством Петра, Иоанна и Иакова собрались, чтобы обсудить этот вопрос. Они решили назначить семерых мудрых и благочестивых людей, на которых будет возложена ответственность за пастырское попечение о церкви. Апостолы же посвятили себя молитве и служению слову.

---

52 «Миры Царства», часть 1, опубликована Seraph Creative в 2014 году.

53 http://www.betemunah.org/synagog.html

54 Ефесянам 4:11-13.

Итак, братия, выберите из среды себя семь человек изведанных, исполненных Святого Духа и мудрости; их поставим на эту службу, а мы постоянно пребудем в молитве и служении слова.

Деяния 6:3-4

Когда мы представляем наше дело в небесных судах, нам необходима помощь небесных советников и сторонников. Это, среди прочего, семь духов Божьих. Они помогают нам во время судебных разбирательств. Они - очи Господа, которые обозревают землю, чтобы поддержать тех, чье сердце вполне предано Ему[55]. Они представлены нам в Исаии 11.

Дух Господень, дух премудрости и разума, дух совета и крепости, дух ведения и благочестия.

Исаия 11:2

Когда мы представляем наше дело в небесных судах, нам нужны небесные советники и сторонники.

Нам нужна Премудрость и Разумение для подготовки нашего дела. Нам нужен Совет, чтобы правильно подготовить наш иск. Нам нужно Ведение и Благочестие (англ. Страх Господень - прим. пер.), чтобы вести себя с честью и уважением во время судебного заседания. Нам нужны Крепость и Сила, чтобы исполнять приговоры на земле. Нам нужен Дух Господень, чтобы утвердиться в нашей роли и положении. Без поддержки семи Духов Господних действовать в судах небесных будет гораздо труднее.

Совет Иофора

Если вы – член синагоги и у вас возник незначительный спор, вы должны сначала обратиться в Бейт-Дин - Дом Судей. Это старое правило действует и по сей день. Вы представляете свое дело руководству поместной синагоги. Более важные или сложные дела передаются в вышестоящие суды. Каждое колено в Израиле имело собственный судебный орган; этот совет состоял из 23 членов. Высший совет в Израиле находился в Иерусалиме и назывался Синедрион.

---

55 2-я Паралипоменон 16:9

Такая классификация дел основана на совете Иофора, тестя Моисея. Когда-то был период, когда Моисей самостоятельно судил народ Израиля. Все те, у кого возникли разногласия, стояли и ждали своей очереди, чтобы предстать перед ним. Иофор заметил это и понял, что Моисей не сможет выполнить такой труд в одиночку. Он посоветовал Моисею делегировать ответственность справедливым и праведным людям.

> *Ты же усмотри из всего народа людей способных, боящихся Бога, людей правдивых, ненавидящих корысть, и поставь их над ним тысяченачальниками, стоначальниками, пятидесятиначальниками и десятиначальниками; пусть они судят народ во всякое время и о всяком важном деле доносят тебе, а все малые дела судят сами: и будет тебе легче, и они понесут с тобою бремя; если ты сделаешь это, и Бог повелит тебе, то ты можешь устоять, и весь народ сей будет отходить в своё место с миром.*

Исход 18:21-23.

Моисей послушался совета Иофора и избрал способных людей, поставив их судьями над народом. Они судили о мелких делах; более крупные дела передавались Моисею.

Этот принцип все еще действителен. В Нидерландах созданы специальные суды для рассмотрения вопросов, связанных с повседневной жизнью. Эти вопросы могут касаться трудовых споров, конфликтов между соседями или вопросов, которые имеют небольшое финансовое значение. Эти суды официально известны как муниципальные. Они все еще существуют в Нидерландах как отдельная ветвь судебной системы. Это децентрализованные отделы суда.

Муниципальных судов больше, чем обычных. Учитывая их близость, в такой суд легче попасть. Любому человеку не представляет сложности лично выступить по своему делу, даже без помощи адвоката. Это суд с низким порогом тяжбы. По другим делам (как правило, более сложным или имеющим большее финансовое значение) нужно обращаться в обычный суд. Таких судов меньше и порог для подачи иска значительно выше.

Гораздо сложнее выступать по своему делу в обычном суде. В обычный суд невозможно подать иск без помощи адвоката. Судебная сложность обычного суда требует, чтобы вам оказывал помощь адвокат. Итак, важно представить свое дело правильному суду и судье. Когда вы обращаетесь в муниципальный суд со сложным иском, судья отказывается принять его и направляет вас в вышестоящий суд.

Выездной суд

Самый простой способ получить представление о небесных судах - это разобраться в различиях между центральными и выездными судами. Местонахождение центрального суда зафиксировано, он постоянно находятся в одном из духовных измерений. Выездной суд более доступен для нас. Его заседание может проходить на любом месте земли, там, где Судья откроет его.

Во время изучения небесных судов я обнаружил интересную статью о старой конституции Британской империи[56]. В этой конституции был предусмотрен консультативный и законодательный совет. Этот совет заседал в Лондоне, на нем принимались решения по важным государственным вопросам. Совет назывался Королевским советом (лат. *Curia Regis*). Совет собирался всякий раз, когда король отдавал на это свое распоряжение.

Когда король путешествовал по своим владениям, советники и придворные всегда сопровождали его. Любой подданный короля мог прийти к нему и лично ходатайствовать о своем деле перед ним. Король мог открыть заседание суда на этом же месте и вынести приговор. Именно так работает выездной суд. Царь покидает свой дворец и приходит к своим подданным, чтобы вынести приговор на месте.

В Нидерландах возможна ситуация, когда судья прибывает к людям, чтобы лично разобраться в деле. Официально это называется *descentee* (франц. - спуск). Судья покидает судейское место, чтобы провести рассмотрение дела, о котором перед ним ходатайствовали, на месте. У нас на голландском телевидение есть шоу под названием «Выездной судья»[57]. Юридически допустимо, чтобы судья принимал обязательные к исполнению решения за пределами официального протокола зала суда, хотя это возможно только в том случае, если все стороны согласны с этим. Может случиться так, что выездной судья может вынести приговор в баре в Монтане или решить ссору между соседями в Хемете (штат Калифорния, США). Выездной суд приходит к человеку.

---

56 https://ru.wikipedia.org/wiki/%D0%92%D0%B5%D1%81%D1%82%D0%BC%D0%B8%D0%BD%D1%81%D1%82%D0%B5%D1%80%D1%81%D0%BA%D0%B8%D0%B5_%D1%81%D1%83%D0%B4%D1%8B

57 https://rijdenderechter.kro-ncrv.nl/over-de-rijdende-rechter

Заступничество Авраама

Подобное выездное заседание суда произошло с Авраамом. Его посетили трое (возможно, Бейт-Дин с небес), через которых Господь рассказал Аврааму, что Он решил уничтожить Содом и Гоморру.

Нечто примечательное происходит далее. Прежде всего, Бог говорит, что вопль о Содоме и Гоморре было велик. Их грехи предстали перед Его лицом. Обвинения против этих городов прозвучали не на земле, а в небесном царстве. Именно там Бог услышал, что происходит в Содоме и Гоморре. Затем в Библии описывается, как Господь отправился в Содом и Гоморру, чтобы исследовать это дело Самому. Он хотел знать, были ли обвинения правдивыми.

> *Сойду и посмотрю, точно ли они поступают так, каков вопль на них, восходящий ко Мне, или нет; узнаю.*

> *Бытие 18:21*

Еще одно интересное наблюдение: Авраам начал ходатайствовать, и он применил правила Бейт-Дина. Город может быть признан на небесах только тогда, когда было бы десять праведников, которые могли бы представлять его - Бейт-Дин из трех человек и коллегия семерых. Если город не обеспечил десять человек, несущих ответственность за служение этому городу, у него не было прав на подачу иска в небесные суды.

Понимаем ли мы теперь, почему Авраам, заступаясь за Содом и Гоморру, остановился на десяти праведниках? Авраам разговаривал с Богом, воспринимая Его в формальной роли Судьи всей землей. Он знал, что на карту поставлено само существование этих городов. Он ходатайствовал перед Судьей всей земли, пытаясь их спасти.

> *Не может быть, чтобы Ты поступил так, чтобы Ты погубил праведного с нечестивым, чтобы то же было с праведником, что с нечестивым; не может быть от Тебя! Судия всей земли поступит ли неправосудно?*

> *Бытие 18:25*

Но была одна серьезная проблема. В этих городах не было назначено никакого Бейт-Дина, и поэтому Авраам ничего не смог сделать для них. У него не было права ходатайствовать перед выездным судом за эти города; жители этих городов должны были сделать это самостоятельно. Оба города были разрушены, и их почва остается бесплодной и по сей день. Эта история является очень доходчивым примером работы выездного суда. Сам Бог сошел, чтобы вынести приговор на земле, и Он пригласил Своих друзей заступиться.

Для возможности ходатайствовать о спасении города, город должен иметь правительство, признанное на небесах.

В наше время действует тот же принцип. Чтобы ходатайствовать о спасении города, у него должно быть правительство, признанное на небесах. Когда десять праведников собираются вместе, чтобы встать в проломе за свой народ, они вместе образуют экклесию, которая признается на небесах. Молитва этой экклесии будет услышана в судах небесных. Их заступничество имеет большой вес, когда выносится приговор городу, региону или нации.

Вход в выездной суд

По мнению иудеев, небеса находятся совсем недалеко. Они считают, что это измерение окружает нас. Иисус начал Свое служение, провозгласив, что Царство Божье приблизилось (англ. под рукой - прим. пер.)[58]. Небеса так же близки, как и тепло, которое я чувствую, когда держу руку у лица. Попробуйте подержать руку так, и вы поймете, что я имею в виду.

Нас учили, что небо всегда находится над нами, поэтому мы показываем наверх, когда говорим о небесных делах. Но, человек, к примеру, из Новой Зеландии делает то же самое, и, получается, что он указывает в прямо противоположном направлении. То, что вверху для него, то снизу для нас.

Короче говоря, небесное измерение не вверху и не внизу; оно вокруг нас. Мы можем пройти сквозь завесу и войти в это измерение верой. Приглашение сделать это звучит ясно, как и желания нашего Отца. Он с нетерпением ждет встречи с нами в Своем измерении.

---

58 Матфея 3:2; Марка 1:15; Луки 21:31

Итак, братия, имея дерзновение входить во святилище посредством Крови Иисуса Христа, путём новым и живым, который Он вновь открыл нам через завесу, то есть плоть Свою, и имея великого Священника над домом Божиим, да приступаем с искренним сердцем, с полною верою, кроплением очистив сердца от порочной совести, и омыв тело водою чистою, будем держаться исповедания упования неуклонно, ибо верен Обещавший.

Евреям 10:19-23

В течение многих лет я пытался понять это место Писания. Как мне войти в Святое Святых? Я отчаянно хотел испытать это. Я обнаружил, что после этого отрывка идет целая глава о хождении в вере. Именно тогда я понял, что вход в небесные миры — это акт веры. Нам нужна вера, потому что без веры невозможно приблизиться к Нему или увидеть Его. Путь открылся нам через кровь Иисуса и через Его тело. Это - прямая ссылка на Вечерю Господню. Когда мы принимаем причастие регулярно, например, один раз в день, нам проще пережить небесные миры.

То же самое касается входа в выездной суд. Мы приходим с верой в то, что Он услышит нас. Я убежден, что мы входили в выездной суд, даже не осознавая этого. Каждый раз, когда мы взываем к Богу, чтобы Он оправдал нас, мы на самом деле находимся в этом выездном суде.

Важно понимать, что вход в этот суд — это действие, которое мы совершаем в первую очередь в нашем духе. Мы были созданы Богом триедиными. Так как мы рождены на небесах, мы - духовны. Наша душа искуплена и обновлена, а наше тело является храмом Святого Духа[59]. Бог создал нас триедиными по Своему собственному образу. Наш дух управляет нашей способностью переживать духовный мир. В девятой главе я объясню, почему нам нужен пророческий дар, чтобы действовать правильно в судах небесных.

В истории о Содоме и Гоморре мы видим, что Бог спустился на землю, чтобы вынести приговор. Точно так же, когда Он приходит к нам, выездной суд приступает к заседанию. Он приходит к нам, потому что мы приближаемся к Нему[60]. Возможно, мы и не можем Его видеть, но Он прямо тут. И точно так же, как мы приближаемся к Богу с верой,

59 1-е Фессалоникийцам 5:23

60 Иакова 4:8

зная, что Он существует, мы также можем войти в этот выездной суд. Верой мы входим в это духовное измерение.

Просто нужно быть абсолютно уверенным в том, что этот суд существует и что у нас есть право заявить там свой иск. Первые шаги всегда самые трудные, потому что у нас нет в этом опыта. Мы еще не успели пережить это на себе.

Но нас приглашают войти, чтобы наш голос был услышан на небесах, и чтобы мы представили свое дело на Его суд. Когда мы войдем, сделаем первые шаги, мы получим подтверждение на собственном опыте. Так формируется наша сравнительная база - через опыт. Это также отправная точка для следующего шага. Цель этой книги - помочь вам возрасти в сыновстве, чтобы вы понесли ответственность зрелого сына[61] по проявлению этого царства небесного на земле. Когда это произойдет, то куда бы мы ни пошли, Его воля будет исполнена на земле, как на небесах.

Престол Благодати

Заключительный комментарий. Между престолом благодати и выездным судом есть существенная разница. У них разные задачи. Мы идем в суд, когда с нами поступили несправедливо, и мы хотим добиться оправдания. Но к престолу благодати мы идем, чтобы получить милость и благодать.

> *Посему да приступаем с дерзновением к престолу*
> *благодати, чтобы получить милость и обрести благодать*
> *для благовременной помощи.*

> *Евреям 4:16*

На голландском это место Писания говорит нам, что мы получаем помощь в нужное время. Но в английском переводе написано, что мы получаем ее во время нужды. Именно в этом разница между престолом благодати и выездным судом. Выездной суд выносит приговор по неправедному поступку, совершенному в отношении нас - действию, которое должно было разрушить Божий план и судьбу для нас. Бог желает, чтобы мы успешно реализовали свою судьбы. Эта судьба записана в нашем свитке и утверждена решением Совета.

---

61 Иисус объясняет в Писании, что на небесах не существует различия между мужчиной и женщиной. Но здесь ясно утверждается, что сынам дана власть править как царям. Мы не зависим от пола, который у нас был на земле. Мы все сыны Божьи, подобно Иисусу.

А к престолу благодати мы приходим, чтобы рассказать о нашем горе и скорби Богу, нашему Отцу. Там наши слезы будут отерты с наших очей[62]. У престола благодати - другая цель и задачи.

Заключение

Мы понимаем теперь, что на земле существуют суды нескольких видов, и каждый из них имеет свою юрисдикцию. Нам важно знать, что есть духовный суд, к которому мы можем обратиться с земли. Мы можем представить наши дела там и попросить защиты. Этот суд называется выездным, и мы входим в него с земли верой.

Нам нужно сделать шаг веры. Духовное измерение окружает нас, и Христос приготовил нам путь, чтобы войти в него. Когда мы приходим к Нему, Он приближается к нам как Судья. Подобно древнему королю Англии и странствующему судье в Нидерландах, Он выносит приговор на том месте, где ступила наша нога. Он дает нам возможность ходатайствовать о наших личных делах перед Ним.

Многие земные суды рассматривают споры по контрактам или нарушенным соглашениям, таким как юридические договоры или договоры аренды. То же самое относится и к небесным судам. Заветы и соглашения играют важную юридическую роль в этих судах. В следующей главе я обсужу правовые основы завета и их важность.

---

62 Откровение 7:17

6

Завет: законный договор

Завет — это законный договор между двумя или более сторонами. Это взаимное соглашение, которое стороны обязаны соблюдать. Заключая завет, вы фактически подписываете контракт. Обе стороны соглашаются с обязанностями и правами, которые получает каждая из них. Подписывая контракт, стороны заявляют, что будут соблюдать условия, изложенные в контракте. Присутствующие тут свидетели также подписывают договор. Эти документы, подписи и свидетели обеспечивают соблюдение завета. Когда завет запечатан кровью, его юридическая сила становится сильнее на небесах, а также на земле.

На иврите слово «завет» звучит как «берит», что означает «разрезать пополам». Так заключались заветы в Ветхом Завете. Мы читаем об этом в Бытие 15:7-21, где Аврам убил несколько животных, разрезал их на куски и разделил пополам. Обе стороны завета вставали друг против друга и приносили клятву. Таким образом, они обещали, что будут соблюдать завет. Затем они ратифицировали завет, пройдя через куски принесенных в жертву животных.

> *Господь сказал ему: возьми Мне трёхлетнюю телицу, трёхлетнюю козу, трёхлетнего овна, горлицу и молодого голубя. Он взял всех их, рассёк их пополам и положил одну часть против другой; только птиц не рассёк.*
>
> *Когда зашло солнце и наступила тьма, вот, дым как бы из печи и пламя огня прошли между рассечёнными животными.*
>
> *Бытие 15:9,10,17*

В Послании к Евреям 9-й главе мы читаем о более глубоком значении завета. Мы видим, что заветы, которые Бог заключил с народом Израиля, были освящены кровью, и вся утварь в скинии была очищена кровью. В тот момент, когда священники принесли свои жертвы в скинию на земле, грехи народа изглаживались в судах небесных.

> *Да и все почти по закону очищается кровью, и без пролития крови не бывает прощения.*
>
> *Евр. 9:22*

Автор Послания к Евреям объясняет, что сила крови телят и козлов была ограничена. За эту кровь грехи Израиля могли быть прощены только на один год. С другой стороны, жертва крови Иисуса настолько сильна, что мы получаем вечное искупление[63].

Завет, ратифицированный кровью, имеет гораздо более сильный голос в судах небесных. Вот почему сатана пытается заключить кровные заветы с отдельными людьми, а также городами и целыми народами. Когда проливается кровь, условия завета также запечатываются.

Это не значит, что устные условия не налагают обязательств.

Иаков говорит нам, что наше «да» должно означать «действительно да».

> *Прежде же всего, братия мои, не клянитесь ни небом, ни землёю, и никакою другою клятвою, но да будет у вас: «да, да» и «нет, нет», дабы вам не подпасть осуждению.*

Иакова 5:12

Когда мы дали обещание человеку и не выполнили его, этот человек может выдвинуть против нас обвинения. Иаков об этом нас и предупреждает. Даже Соломон советует нам выполнять устные обещания, которые мы давали Богу[64]. Будьте осторожны, давая случайные обещания, потому что мы можем быть привлечены к ответственности за них. Каждое слово, которое мы говорим, и каждая мысль, которая у нас возникла, записаны на небесах. Давид показывает нам пример осознания этого, прося, чтобы слова его уст его и помышления его сердца были благоугодны пред Богом[65].

Брачный Завет

В Библии можно найти много разных заветов. Мы видим примеры заветов, заключенных между людьми, между племенами и между народами. Есть даже заветы, в которых Господь присутствует в качестве свидетеля[66].

---

63 Евреям 9:12
64 Экклезиаст 5:3-6
65 Псалом 18:14-15
66 Бытие 21:32; 1 Царств 11: 1; Иисус Навин 9:6,15; Бытие 31:10

Важным библейским заветом является соглашение, заключенное между мужчиной и женой, называемое браком. В еврейских свадебных традициях есть пять различных этапов, ведущих к заключению брака. Одним из ключевых моментов является составление договора между мужчиной и женщиной, что происходит на третьем этапе подготовки к свадьбе. На этом этапе ведутся переговоры о содержании договора. На иврите он называется «ктуба».

При составлении договора важную роль играют родители с обеих сторон. Они знают своего ребенка намного лучше, чем он сам. Родители являются официальными свидетелями этого завета. Во время этих переговоров ожидания обоих партнеров выражаются с точки зрения равноценности. Например, обсуждается, сколько детей они хотели бы завести, сколько денег женщина получит за ведение домашнего хозяйства, как имущество будет распределено между ними, как часто они будут иметь половые отношения и так далее. Эта ктуба - защита для женщины на случай, если муж расстанется с ней. Ктуба описывает права и обязанности по браку. Если обе стороны выполняют обязательства ктубы, то нет никаких юридических оснований для развода.

После подписания ктубы пара официально вступает в брак. Невесте разрешается носить фамилию мужа и она имеет право заниматься бизнесом от имени своего мужа. На этом этапе них еще нет половых отношений. Начинается время приготовления, когда в течение двух-трех лет жених готовит для них дом. Он живет в доме своего отца и готовит свой дом для новобрачной.

Мария забеременела без участия Иосифа. Это произошло до того, как Иосиф построил дом для них. Это было прямым нарушением ктубы, что давало Иосифу право пойти к бейт-дину своей синагоги и попросить их расторгнуть брачный договор. Согласно их ктубе, эта пара была формально обручена. Контракт был подписан. То, что Иосиф хотел тихо отпустить ее, без лишнего раскрытия, говорит о его хорошем характере[67].

Когда мы изучаем книгу Исход именно в брачном контексте, мы находим там все пять этапов свадебной церемонии[68]. Евреи не рассматривают Десять заповедей как набор правил и обязательств. Они видят их скорее как ктубу, договор завета между Богом и Его народом.

---

67 Матфея 1:19-20

68 Дополнительная информация - в Wake Up! Опубликовано Het Zoeklicht, 2014

Они даже называют этот отрывок в Писании «десятью словами Божьими». Это не просто заповеди, это юридическое соглашение между двумя равными партнерами. Каменные скрижали, содержащие эти десять слов, названы «Скрижалями Свидетельства». Они хранились в «Ковчеге Свидетельства».

Сила закона завета

Заключив договор, мы обязаны его соблюдать, даже если позже мы обнаружим, что другая сторона нас обманула. Мы видим отличный пример этого в книге Иисуса Навина 9-й главе. Когда израильтяне вошли в Обетованную землю под предводительством Иисуса Навина и начали стремительное ее завоевание, каждый царь в этой земле запаниковал. Они увидели, как Иисус Навин поступил с Иерихоном и Гаем, и испугались за свою жизнь.

Поэтому жители Гаваона разработали план обмана Иисуса Навина. Они надели очень старую одежду, взяли запасы заплесневелого хлеба и отправились на встречу с Иисусом Навином. Прибыв, они восхвалили и оказали ему почести за все, что Бог сделал через него. Нужно признать, что эти люди были очень храбрыми.

Сначала израильтяне были настороже. «Почему это мы должны заключить с вами завет?», - спросили они. «Возможно, вы живете прямо на этой земле среди нас».

«Нет, нет», - сказали гаваонитяне. «Посмотрите на нашу еду и наши мехи. Еда была свежей, а мехи были новыми, когда мы выходили из дома. Смотрите, теперь хлеб у нас заплесневел, а мехи пропали».

Израильтяне поверили лжи Гаваонитян, поэтому Иисус Навин и израильтяне заключили с ними завет. При этом они совершили одну большую ошибку. Они забыли посоветоваться с Господом и были обмануты внешним видом гаваонитян и их речами.

> *И заключил Иисус с ними мир и постановил с ними*
> *условие в том, что он сохранит им жизнь; и поклялись им*
> *начальники общества.*
>
> *Иисус Навин 9:15*

Было бы разумно проявлять бдительность, когда кто-то приходит и хочет заключить с вами договор. Часто такое происходит сразу после ваших первых крупных успехов. Любая сделка, которую вы заключаете, имеет юридическую силу на небесах, даже если другая сторона лжет вам. В Псалме 14 говорится, что мы можем пребывать у Бога, если ходим непорочно и делаем правду. Давид говорит нам, что нельзя изменить нашу клятву, даже если нам пришлось пережить негативные последствия этой клятвы[69].

Завет, заключенный с гаваонитянами, был узаконен на небесах. Когда через три дня израильтяне поняли, что их обманули, они уже были связаны соглашением, которое они заключили, потому что клялись Господу, Богу Израилеву. Иисус Навин был так разгневан на гаваонитян, что проклял их и сделал их лесорубами и водоносами для израильского общества на всю оставшуюся жизнь.

Вскоре после этого пять царей Аморрейских напали на Гаваонитян, которые, в свою очередь, отправили посланника к Иисусу Навину и призвали его на помощь, ссылаясь на завет, заключенный с Израилем. Иисус Навин был вынужден прийти им на помощь. Он победил пять царей аморрейских, явив великую силу. Даже солнце и луна сражались с Иисусом Навином, чтобы дать ему победу. Эта победа является прямым следствием решения Иисуса Навина соблюдать завет, который он заключил с гаваонитянами. Не только Бог, но и все небо было с Израилем в этой битве.

Когда Иисус Навин заключил завет с гаваонитянами, это соглашение было не просто действительным для него и лидеров народа того времени. Так как он был лидером Израиля, назначенный Богом, завет имел юридическую силу для всего израильского народа. Даже после смерти Иисуса Навина этот завет все еще имел юридическую силу. Он все еще действовал, когда примерно 500 лет спустя в Израиле во время правления царя Давида произошел великий голод. Три года земля не приносила плода. Давид советовался с Господом, спрашивая о причине голода. Ответ, который он получил, был поразительным: мор пришел на землю, потому что Саул нарушил соглашение, которое Иисус Навин заключил с гаваонитянами.

Был голод на земле во дни Давида три года, год за годом. И вопросил Давид Господа. И сказал Господь: это ради Саула и кровожадного дома его, за то, что он умертвил Гаваонитян.

2 Царств 21:1

---

69 Псалом 14:4

Заветы имеют власть над многими поколениями

Мы подошли к сути дела. Каждый завет имеет силу закона, а это означает, что каждая сторона может обратиться к судье, если соглашения, заключенные в завете, не соблюдаются. Юридическая сила завета становится крепче, если этот завет запечатан кровью. То же самое происходит, когда завет заключается людьми, обладающими властью, признанной небесами. Завет имеет огромную юридическую силу, когда его заключают лидеры города, нации или компании.

Сатана очень хорошо знает, что завет имеет обязательную силу в судах небесных, особенно когда он усилен кровью. Вот почему он прельщает лидеров народа заключать с ним кровные заветы. Мы видим очень печальный пример в истории Гаити[70]. Первые лица этой нации обрели свободу потому, что они заключили завет крови, а в обмен они посвятили нацию сатане.

Жившие в Гаити африканские рабы находились под гнетом французов. В конце восемнадцатого века группа рабов решила поднять восстание. Лидеры этого восстания заключили в 1791 году завет с духовными силами своих предков. Они принесли в жертву газель, свинью и козу. Эти вожди выпили свиную кровь и торжественно поклялись, что скорее умрут, чем будут жить в рабстве. Вскоре после этого вспыхнуло восстание. В 1804 году была провозглашена независимость. Родилась первая суверенная республика выходцев из Африки в Западном полушарии.

Гаити стала первой страной в мире, где рабы обрели свободу. Но за это была заплачена огромная цена. Даже сегодня, спустя более двухсот лет, гаитяне ощущают последствия завета, который их предки заключили с сатаной. Гаити на сегодняшний день является самой бедной страной в Западном полушарии. Гаити входит в состав «La Isla Española» («испанского острова»). Другую часть этого острова составляет Доминиканская Республика, и разница между этими двумя народами очень велика.

На спутниковых снимках видна граница между этими двумя народами. С доминиканской стороны - нормальное процветание. Ожидаемая продолжительность жизни высока, и есть несколько туристических курортов. Гаитянская часть по другую сторону границы кардинально

---

70 «От восстания рабов до кровавого пакта с сатаной», Э. Макалистер, Уэслианский университет 2012.

отличается. Земля бесплодная и безжизненная. Ожидаемая продолжительность жизни намного ниже, и большая часть граждан живет в крайней нищете. В экономическом обзоре 2016 года перечислены 229 стран. Доминиканская Республика занимает 74-е место. Гаити, с другой стороны, занимает 174 место. Нидерланды занимают 28-е место (для сравнения)[71].

Каждый завет обладает юридической силой.

Ровно 200 лет спустя, в 1991 году, президент Жан-Бертран Аристид вновь обновил завет, выпив свиную кровь. В 2010 году на Гаити произошло страшное землетрясение. Когда евангелист Пэт Робертсон указал на различия между последствиями экологической катастрофы между Гаити и Доминиканской Республикой, он пережил поток критики. Когда Робертсон связал результаты этого землетрясения с заветом крови, который был заключен с сатаной в 1791 году и был возобновлен в 1991 году, даже Белый дом осудил его заявление. Я считаю, что он говорил правду. Впоследствии было написано больше статей, которые поддерживали Робертсона и его мнение.

Завет — это один из вариантов обмена

Сила завета основана на равенстве сторон, и на их обещаниях соблюдать условия договора. Договор заключается при обмене обеих сторон чем-либо. Как мы видели ранее, брак — это пример завета между двумя людьми. Обе стороны равны. Обе стороны соглашаются внести свою долю за столом переговоров. Когда завет заключен, происходит обмен. Брачный завет запечатывается кровью, поскольку оба партнера являются девственниками, когда вступают в этот завет.

Жертва Иисуса на кресте закрепила величайший завет, когда-либо заключенный в творении. Это завет между Всемогущим Богом и человечеством. Мы - равные партнеры завета в глазах Бога. Он заключил с нами завет, хотя и знал, что мы не способны выполнить свою часть сделки. Вот почему Он Сам стал человеком и выполнил все требования этого завета как Сын Человеческий. Вот почему мы имеем право на благословения завета, который Бог заключил с человеческим родом.

71 https://www.cia.gov/library/publications/the-world-factbook/rankor- der/ 2001rank.html#dr

Величайший обмен, который когда-либо знало человечество, был совершен на кресте. Дерек Принс написал книгу об этой великой истине[72].

Возможно, вы знаете популярную песню поклонения под названием «Меняю печали (Да, Бог)»[73]. Слова этой песни показывают нам силу креста. Жертва Иисуса имеет огромную юридическую силу в небесных судах. Именно там мы можем обменять нашу болезнь на исцеление, нашу бедность на богатство и наш позор на честь.

> *И вас, которые были мертвы во грехах и в необрезании плоти вашей, оживил вместе с Ним, простив нам все грехи, истребив учением бывшее о нас рукописание, которое было против нас, и Он взял его от среды и пригвоздил ко кресту; отняв силы у начальств и властей, властно подверг их позору, восторжествовав над ними Собою.*

> *Колоссянам 2:13-15*

Рукописание, упомянутое в этом отрывке, является юридическим документом, в котором записаны все доказательства наших грехов. Сатана исследует эти досье, чтобы выдвинуть против нас обвинения. Но когда мы исповедуем наши грехи, все доказательства, свидетельствующие против нас, прибиваются к кресту и уничтожаются. Но пока мы храним молчание, доказательства все еще существуют.

Когда мы смиряемся перед Богом, мы можем одержать победу над всеми нашими врагами и силами во тьме. Именно кровь Иисуса говорит за нас и позволяет нам требовать благословений, записанных во Второзаконии, 28-й главе.

Этот механизм обмена является неотъемлемой частью судебной системы на небесах. Каждая законная операция, совершенная на небесах, тем или иным способом связана с обменом. Нам может казаться, что наше спасение бесплатно, но это не так. Кто-то должен был заплатить страшную цену за спасение наших душ. Вот почему мы прославляем Иисуса Христа, Сына Бога живого. Своей смертью Он выполнил все требования закона завета, чтобы мы могли получить законное право стать чадами Божьими[74].

---

72 «Куплены Кровью: Божественный Обмен на Кресте», DPM International, 2000.

73 Автор Израэл Хафтон и Нью Брид, 2001.

74 Иоанна 1:12

Мы получим пользу от завета только в том случае, когда будем готовы обменяться чем-то в ответ.

Без этого обмена невозможно функционирование в Царстве Небесном. Тайны царства доступны только ученикам Иисуса. Но мы становимся учениками только тогда, когда решаем оставить все, чтобы следовать за Иисусом. Это цена, которую нужно заплатить; тогда сделка будет совершена. Некоторые считают, что все в Царстве должно быть бесплатно, но это заблуждение и ловушка, именно по вышеуказанным причинам. Мы получим пользу от завета только в том случае, когда будем готовы отдать что-то взамен.

Вот почему я не признаю бесплатное духовное образование и конференции. Это не потому, что я считаю, что тот, кто учит вас, должен зарабатывать кучу денег. Скорее, это важно для тех, кто слушает. Если вы хотите стать обладателем откровения, вы должны отдать что-то взамен. Это принципы, которые применяются на земле и в небесном царстве. В этом суть заключения завета, обе стороны делают свой вклад. Вот почему Иисус сказал церкви Лаодикийской купить кое-что у Него. Члены этой церкви были несчастны, и жалки, и нищи, и слепы, и наги, потому что они были теплыми и возгордились.

> *Советую тебе купить у Меня золото, огнём очищенное, чтобы тебе обогатиться, и белую одежду, чтобы одеться и чтобы не видна была срамота наготы твоей, и глазною мазью помажь глаза твои, чтобы видеть.*

> *Откровение 3:18*

Бог желает, чтобы мы были богаты, одеты и зрячи. Но мы должны заплатить за это - спросить, как мы можем купить у Него и как мы можем заплатить Ему. Не всегда именно деньгами мы вносим свою долю в завет. Это может быть наше время, наши способности и наша забота о других. В этом суть заключения завета: обе стороны отдают взамен то, что им дорого.

Последствия завета в суде небесном

Мы видели последствия заключения завета. Завет приходит с обязательствами; мы обязаны выполнять требования завета. Эти обязательства передаются будущим поколениям, которые также будут подчиняться этим условиям. Вот почему нам приходится разбираться с любыми заветами, заключенными нашими предками.

В тот момент, когда кто-либо из наших предков заключил завет с сатаной, мы тоже подпадаем под его последствия, даже если завет был заключен обманом. Если этот завет имел неблагоприятные последствия, мы, согласно законам небесных сфер, обязаны выполнять условия этого завета. Каждый завет — это договор, который имеет юридическую силу - на земле и в небесных мирах. Наш противник может обвинить нас перед Небесным Судьей, если мы не соблюдаем условия и соглашения завета.

Именно в этом заключается цель сатаны - заключать заветы с людьми с условиями, которые дают ему право контролировать будущие поколения. Мы наблюдаем это в движении масонства. Человек, заключивший завет, получает от него прямую выгоду при своей жизни. Подписывается контракт, в котором человек - в обмен на власть, богатство и защиту - посвящает своих потомков сатане. И теперь сатана имеет законное право требовать контроль над жизнью этих людей в судах небесных. Ему по закону разрешено мешать этим будущим поколениям выполнить Богом данную судьбу. Эти заветы настолько зловещи потому, что они составлены силами тьмы. Вполне возможно, что вы не сделали ничего плохого, но имеете дело с секретными кознями, созданными вашими предками.

Но, с другой стороны, эти принципы также применимы к заветам, заключенным нашими предками со Всемогущим Богом. Теперь мы получаем выгоду от этих древних договоров. Дело в том, что эти блага доступны и будущим поколениям, которые придут после нас. Цена за получение этих благословений и благ была заплачена Христом на кресте. Обратите внимание, что Бог говорит в ктубе, которую Он заключил с народом Израиля, что у того, кто служит Ему, будет благословенна тысяча будущих поколений[75].

---

75 Исход 20:6

Джордж Отис-младший подробно описал в своей книге «Сумеречный лабиринт», как целые нации заключали заветы с властями и силами во тьме[76]. По условиям такого завета, нация может получить защиту, например, от экологической катастрофы. Лидер, который заключает завет, всегда получает себе выгоду при жизни. Мы видим это, когда диктаторы живут как короли в роскоши и наполняют тайные банковские счета в Швейцарии, но их страна буквально отдается демонам.

Есть одно условие - каждый завет должен ежегодно обновляться. Мы видим это в заветах, которые Бог заключил со Своим народом. Каждый год первосвященник входил во Святое Святых и обновлял завет, который Бог заключил с Моисеем и запечатывал его кровавой жертвой. В настоящее время мы видим, что то же самое происходит с нашими фестивалями культуры. Пока все вокруг празднуют, на заднем плане тихо проводятся определенные ритуалы, подпитывая заветы кровавыми жертвоприношениями.

Например, в Непале есть известный праздник под названием индуистский фестиваль Дасаин, где убивают сотни тысяч животных, а их кровь течет по улицам, чтобы посвятить эту страну идолам. Другой пример - в южноамериканских странах проходит карнавал, где кровь приносится в жертву, чтобы обновить древние заветы[77].

Расторжение заветов

Но возникает такой вопрос - как нам расторгнуть заветы, которые наши предки заключили с сатаной? Я говорю не только о нашей собственной жизни, но и заветах на уровне города, нации и организаций. Мы обсудим это подробнее во 2-й части этой книги, сейчас же поговорим бегло.

Важно понимать, что только тот, у кого есть законные полномочия, может расторгнуть завет. Его круг полномочий должен быть признан на небесах. Я, как гражданин, не уполномочен расторгать завет с силами тьмы, который был заключен мэром города или президентом страны. Лицо, которое расторгает завет, должно иметь соответствующие полномочия. Я обсужу это в следующей главе.

---

76 Опубликовано издательством Chosen Books в 1997 году

77 http://blogs.reuters.com/faithworld/2009/02/21/llama-sacrifices-in-a-bolivian- mine-at-carnival/

Чтобы расторгнуть договор, вы должны сначала отказаться от всех благ, которые вы получили. Это важное условие. Вам нужно отказаться от всех приобретений, от всего, чем сатана или другие силы тьмы обменялись с вами или вашими предками. В этот список входит защита, процветание, должность, богатство или власть.

Часто бывает так, что в тюрьме преступники приходят к Иисусу. Основным мотивом их преступных действий была нажива. Их богатство позволяло им вести экстраординарный образ жизни. И зачастую их финансовое благополучие исчезает в тот самый момент, когда они раскаиваются. Из большого богатства они погружаются в глубокую нищету за очень короткое время. И это - самая сложная фаза, которую им нужно пройти во время выздоровления. Если они будут неотступны, ярмо, в котором враг держал их, в конечном итоге будет сломлено.

Какие шаги вам необходимо предпринять?

Есть несколько шагов, которые вам нужно предпринять, чтобы расторгнуть завет с сатаной. Все начинается с покаяния, вашего собственного или от имени человека, который изначально заключил этот завет. Затем вы публично отказываетесь от всех благ, полученных в результате завета.

Мы призываем кровь Агнца как умилостивление за все требования, которые были сделаны в завете, заключенном с сатаной. Иисус стоит на нашей стороне, и Он наш Защитник, ходатайствующий за нас[78]. Сила крови задействуется словами нашего исповедания наших грехов.

Затем Иисус заявляет, что все улики, свидетельствующие против нас, уничтожены, потому что они прибиты к кресту нашим исповеданием[79]. Это также относится ко всем заветам, которые были заключены нашими предками. И вместо разрушения нашей жизни и судьбы мы получаем взамен кровь Христа. Попробуйте представить, что происходит в царстве князя тьмы в тот момент, когда мы исповедуем свои грехи.

Важно, чтобы мы получили документы о расторжении завета, когда Судья всего и всех расторгнет его. Поскольку завет имеет юридический статус, должен быть официальный документ, в котором зафиксировано его расторжение. Этот документ также упоминается Моисеем и называется письмом о разводе или документом о расторжении. Важно, чтобы судья подписал этот документ. Это официальная запись в небесных

78 1 Иоанна 2:1
79 Колоссянам 2:14

судах, в которой говорится, что мы больше не обязаны соблюдать условия завета. В тот момент, когда нас обвиняют, нам нужно просто предъявить эти важные документы нашему обвинителю. Этот документ отменяет любое законное право сатаны обвинять нас, мешать нам, проклинать нас или препятствовать нам, но только если мы исповедали свои грехи в этом вопросе и призвали кровь Христа.

Важно, чтобы мы получили документы о расторжении завета, когда Судья всего и всех расторгает его.

Как только документы подписаны, мы заключаем новый завет, на этот раз - с нашим Богом и Отцом. Мы заявляем, что принадлежим Ему и имеем право на получение преимуществ величайшего из когда-либо заключенных заветов. Этот завет скреплен кровью через жертву Иисуса Христа на кресте.

Достаточно ли жертвы на кресте?

Я понимаю, когда христиане спрашивают: «Разве Иисус не победил сатану на кресте? Зачем нам проходить через все эти сложные процедуры в судах небесных?»

Это правда, Иисус подверг позору все демонические власти. Иисус восседает по правую руку от Своего Отца. Он вошел в славу Своего Отца и увенчан всей силой, славой и красотой. Всё это правда. Но, тем не менее, Иисус ждет чего-то еще. Он ждет, чтобы все Его враги были положены в подножие Его ног.

> *Он же, принеся одну жертву за грехи, навсегда воссел*
> *одесную Бога, ожидая затем, доколе враги Его будут*
> *положены в подножие ног Его.*

> *К Евреям 10:12-13*

После того, как Иисус вознесся на небо с облаками свидетелей, Он предстал перед Ветхим днями. Там Он был коронован, там Он получил всю честь и славу. Он получил право сидеть одесную Отца.

Но, при всем этом, битва на земле продолжается. Мы читаем об этом в седьмой главе книги Даниила. Святые Всевышнего сталкиваются с жестоким сопротивлением, некоторые не выживают.

Тем не менее, война продолжается. Все еще есть силы тьмы, которые не преклонили колени. Все еще, народы мятутся и восстают против престола. Народы замышляет тщетное против Господа и Его Помазанника. Ниже говорится о том времени, когда Иисус воссел рядом со Своим Отцом после того, как Он умер на кресте и вознесся.

> *Восстают цари земли, и князья совещаются вместе*
> *против Господа и против Помазанника Его. «Расторгнем*
> *узы их, и свергнем с себя оковы их».*

Псалом 2:2-3

За последние 40 дней пребывания на земле, Он говорил совершенно прямо со Своими учениками. Они не прогуливались по памятным местам. Они не обсуждали все чудеса, знамения и исцеления, которые совершил Иисус. Они не говорили о реакции Синедриона после того, как Он воскрес из мертвых. Нет, Иисус говорит с ними о Царстве Небесном. Это было единственное, что имело для Него значение[80]. В это время они получили заповедь покорить всех Его врагов, принести в подножие ног Иисуса, пользуясь силой жертвы креста и Его крови. Идите по всему миру и проповедуйте Евангелие Царства Небесного всем народам...

По-видимому, заповедь сокрушить Его врагов была настолько важна, что она семь раз записана в Библии. Эту заповедь Христос дал Своей церкви, а мы забыли ее на века. Наш клятвенный долг - положить всех Его врагов к Его ногам, у подножия ног. И вот важный вопрос: «Где находится это подножие ног?» Книга Деяний раскрывает это.

> *Небо - престол Мой, и земля - подножие ног Моих. Какой*
> *дом созиждете Мне, говорит Господь, или какое место для*
> *покоя Моего?*

Деяния 7:49

Этот отрывок показывает связь между престолом и подножием для ног Иисуса. Мы не побеждаем врага, сражаясь на поле боя. Сначала мы побеждаем его в небесных судах, где достигается справедливость и выносятся приговоры.

Мы должны усвоить, что Царство Небесное зиждется на праведности и правосудии. Все, что происходит в Царстве, имеет правовой статус. Каждое призвание, помазание и жертва, которые были принесены, имеют

---

80 Деяния 1:3-9

юридическое основание. Перед церковью стоит задача отменить все законные права врага на владычество на земле. Пока на земле есть люди, которые заключают заветы с сатаной, он имеет контроль и власть над территорией и сферой влияния этого человека. Чем выше положение человека на земле, тем больше контроль сатаны в этой сфере.

Жертва Иисуса на кресте имеет наибольшую правовую силу. Иисус свидетельствует на небесах от нашего имени, но дело может быть установлено только устами двух или трех свидетелей[81]. Вот почему люди, живущие на земле, должны давать свое свидетельство в судах небесных. Это одна из причин, по которой мы были посланы до края земли, чтобы принести свидетельство со всех концов земли на небо. Важно, чтобы наше свидетельство соответствовало свидетельству Иисуса.

Быть свидетелем значит больше, чем просто рассказывать историю смерти и воскресения Иисуса. Библия использует слово «свидетельствовать» как официальное заявление в суде. По-гречески свидетельство - мартюс, от него происходит слово мученик (англ. martyr - прим. пер.). Мученик — это тот, кто готов говорить правду, даже если это будет стоить ему жизни. Иисус просит нас быть свидетелями на земле, чтобы небо и земля свидетельствовали одно и то же. Мы должны свидетельствовать с земли в судах небесных и соглашаться со свидетельством, которое там дает Иисус.

Сначала мы побеждаем врага в небесных судах, где достигается справедливость и выносятся приговоры.

Так Божья воля может исполниться на земле. Теперь Он может вынести приговор, соединенный с Его страстью к нам. Вот почему мы, Тело Христово, должны сначала победить врага в судах небесных. Тогда мы увидим праведность и справедливость на земле. Только когда все враги будут побеждены и повержены в подножие ног, Иисус торжественно вернется как Царь царей со всеми Своими святыми, которые победили.

---

81 Второзаконие 19:15

Заключение

Каждый завет, заключенный на земле, имеет юридическую силу на небесах. Неважно, кем он заключен - человеком, племенами, народами или силами тьмы, каждая сторона обязана соблюдать условия завета. Расторжение завета может быть осуществлено только тем, кто имеет на это полномочия. Мы видели, как последующие поколения связаны условиями ранее заключенного завета. Поэтому давайте прилежно исследовать обязательства, клятвы и заветы, которые наши предки оставили нам в наследство - как добрые, так и злые.

Иисус восседает по правую руку от Своего Отца. Он ждет, пока все Его враги не будут повержены в подножие Его ног. Земля — это подножие Его ног, мы должны победить всех врагов креста. Мы не делаем этого, сражаясь с ними на земле. Мы делаем это из небесных судов, отбирая все законные основания, которые дают сатане право властвовать на земле. Вот как мы побеждаем всех врагов Христа и делаем их подножием для Его ног. Это то, чего ждет Иисус. Вот что пытается сказать нам Писание в Евреям 10:13- Иисус ожидает того времени, «доколе враги Его будут положены в подножие ног Его».

Только после того, как мы уничтожим юридические основания заветов в небесных судах, мы сможем одержать победу на земле. Вот почему так важно откровение о небесных судах и почему мы призваны там свидетельствовать. Нам нужно возвысить наш голос с земли, чтобы он был услышан на небесах, чтобы свидетельства на небесах и свидетельства с земли стали едины. Это является основанием для исполнения приговора над врагами Бога.

В следующей главе мы увидим полномочия, данные нам для действий в небесных судах. Основа всего — это наша судьба, которую мы получили от нашего Отца.

7

Каковы наши полномочия?

Вопрос о наших личных полномочиях очень важен, и теперь мы должны ответить на него. Нам будет чрезвычайно сложно что-либо предпринять в суде небесном, если мы не знаем, какие полномочия входят в наш личный мандат.

Чтобы ответить на этот вопрос, мы сначала должны понять смысл понятия «мандат». Получив мандат, вы становитесь уполномочены действовать от чьего-либо имени, но окончательная ответственность остается за лицом, которое вас уполномочило.

Я приведу пример того, как мандат может работать в обычной жизни. Предположим, вы работаете менеджером по закупкам в компании. Вы несете ответственность за поддержание складских запасов материалов, необходимых для производства. Ваш шеф поручил вам связаться с поставщиками, чтобы приобрести и оплатить необходимые товары. Вы не несете ответственность за остаток на счете - за это отвечает ваш начальник. Но у ваших полномочий на закупку есть предел. Если ваш заказ превышает установленный вам лимит, вы должны связаться с вашим шефом. И, конечно, вы не имеет право покупать что-нибудь для себя лично за счет своего начальника. Для выполнения вашей работы вам нужен определенный уровень полномочий, и ваш работодатель спросит вас за каждую совершенную операцию.

Свиток и Совет Господень

Иисус пришел на землю, чтобы выполнить миссию, которая была записана заранее в свитке Его жизни. Все, что происходило в жизни Иисуса, было результатом работы Божьего совета. Мы видим, что Петр и Иоанн знали об этих постановлениях Святого. Когда они возвращаются с судебного заседания в Синедрионе, они свидетельствуют:

> *Ибо поистине собрались в городе сём на Святого Сына Твоего Иисуса, помазанного Тобою, Ирод и Понтий Пилат с язычниками и народом Израильским, чтобы сделать то, чему быть предопределила рука Твоя и совет Твой.*

> *Деяния 4:27-28*

Даже Павел знал, что планы Бога на его жизнь были определены еще до его рождения. Он был избран и прошел обучение, чтобы выполнить миссию, которую Бог приготовил для него. Мы тоже поставлены на земле, чтобы совершать добрые дела, которые Бог предназначил нам исполнять[82]. Он обучает нас и дает нам все, что нам нужно для успеха.

Когда же Бог, избравший меня от утробы матери моей и призвавший благодатью Своею, благоволил открыть во мне Сына Своего, чтобы я благовествовал Его язычникам,

Галатам 1:15-16

Каждый человек получает свиток с небес. Эти свитки содержат миссию, которую Бог дает каждому человеку. Пока мы находимся на земле, наш долг - выполнить эту миссию. Он призвал нас Своей благодатью и подготовил нас к успеху. В этом суть нашей судьбы. Рассматривая жизнь Иисуса, мы видим, что Он полностью осознавал Свою миссию.

Посему Христос, входя в мир, говорит: «жертвы и приношения Ты не восхотел, но тело уготовал Мне. Всесожжения и жертвы за грех неугодны Тебе. Тогда Я сказал: вот, иду, как в начале книги написано о Мне, исполнить волю Твою, Боже».

К Евреям 5:7

Мы выполним свою судьбу на земле, когда успешно исполним все задания, которые получили от совета Господня. Мы видим это в жизни Давида. Он умер только после того, как выполнил все, что было написано о нем в совете Господа.

Давид, в своё время послужив изволению Божию, почил, и приложился к отцам своим, и увидел тление;

Деяния 13:36

Каждое решение, принятое престолом, называется советом Господним. Мы также видим это и в правительственной системе Нидерландов. Каждый закон, принятый правительством, и каждое официальное назначение должны быть подписаны королем Нидерландов. Только после того, как король подписывает документ, он получает силу закона. Документ, в котором записано решение короля, называется королевским указом.

---

82 Ефесянам 2:10

Представьте, что кто-то серьезно заболел и, скорее всего, умрет раньше времени, в таком возрасте и таким способом, которые не соответствуют плану и замыслу Бога. Согласно этому стиху, мы получили мандат, полномочия молиться за тех, кто болен или умирает прежде, чем придет их время, потому что их миссия не выполнена. Когда мы молимся за них в судах небесных, важно, чтобы мы не умоляли, отталкиваясь от эмоций, которые мы испытываем на этот момент.

Когда мы находимся в зале суда, судья выносит решение не по эмоциям от дела, а по правомерности действий обеих сторон; по принципам праведности и правосудия. Наша защита в суде основана на задаче реализации нашей судьбы и всего, что записано в совете Господа. Если кто-то не выполнил свою Богом данную судьбу, как записано в его свитке, мы можем ходатайствовать перед Судьей о том, что враг не имеет права уничтожить жизнь этого человека. Мы видим это в жизни Иова. Бог не позволяет сатане убить Иова.

> *И сказал Господь сатане: вот, он в руке твоей, только душу его сбереги.*

> *Иов 2:6*

Мандат соединен с нашей судьбой

Судьба, которую Бог дал вам — это уникальное личное задание. На земле нет никого другого, кто мог бы выполнить ваше задание так, как только вы можете это сделать. Поэтому бесполезно завидовать чужому служению.

Но, переживая зависть, вы кое-что можете узнать. Обычно завидуешь только тому, чья судьба похожа на твою. Каждый раз, когда вы говорите себе: «Я мог бы сделать это лучше» или «Почему они не просят меня сделать это?» вы чувствуете это побуждение в своем духе. Люди, которые имеют схожие судьбы, так или иначе духовно связаны.

Но у вас есть свое собственное задание от Бога. Все, что происходит в вашей жизни, может и будет использовано Им, чтобы помочь вам выполнить ваше задание[83]. Он призвал вас в соответствии со Своей целью, по Своему изволению.

83 Римлянам 8:28

Он дал вам таланты, способности, правильные личные свойства и мандат на успешное выполнение этого задания.

Враг это слишком хорошо знает. Он пытается любыми способами помешать вам выполнить вашу миссию, потому что каждый, кто осознает свою судьбу, данную Богом, представляет собой прямую угрозу для власти сатаны. Враг Божий терпеть не может, когда мы достигаем успехов в Царстве Небесном. Он приходит в ярость, когда чада Божьи осознают свой потенциал на земле, пусть это будет хотя бы один человек.

Так было с Аманом Вугеянином, врагом евреев - мы читаем об этом в книге Есфирь[84]. В то время как все падали ниц перед ним, как повелел им царь, Аман пришел в ярость, когда один человек отказался выполнять это: Мардохей, иудей.

Это разожгло ненависть в Амане, но эта ненависть стала его падением. Богу нужен был только один человек, Мардохей, чтобы уничтожить заклятого врага Израиля. Вот как он выполнил свою миссию в рамках данного ему Богом мандата. В итоге, именно Мардохей занял пост Амана. Враг пытался уничтожить нацию, но Бог вмешался, потому что нашелся один непоколебимый человек.

Наш мандат связан с нашей судьбой и положением, которое мы получили на небесах.

Когда мы находимся в выездном суде, наш мандат напрямую связан с нашей миссией, записанной в нашем свитке. Если враг выступает против нас, наше единственное ходатайство в суде небесном - об исполнение нашей судьбы. Мы не должны ходатайствовать о наших личных потребностях, наших эмоциях, страданиях, которые мы испытываем, или о помощи в наших проблемах. Он избавляет нас от наших врагов, а не от наших проблем[85]. В выездном суде все сводится к исполнению нашей судьбы, данной нам Богом, как записано и подтверждено советом Господним. Это является основанием нашего судебного иска, и это является правовой основой нашего мандата.

Именно это делал Моисей, когда молился о спасении своего народа перед Богом. Бог был разгневан на Израиль, потому что Он был глубоко

---

84 Есфирь 3:1-5

85 Псалом 7 и многие другие

ранен их действиями и грехами. Он хотел погубить этот народ и произвести от Моисея великий народ. Но Моисей упорно спорил с Ним, напоминая Его обещания и судьбу народа Израиля.

Но Моисей стал умолять Господа, Бога Своего, и сказал: да не воспламеняется, Господи, гнев Твой на народ Твой, который Ты вывел из земли Египетской силою великою и рукою крепкою, чтобы Египтяне не говорили: «на погибель Он вывел их, чтобы убить их в горах и истребить их с лица земли»; отврати пламенный гнев Твой и отмени погубление народа Твоего; вспомни Авраама, Исаака и Израиля, рабов Твоих, которым клялся Ты Собою, говоря: «умножая умножу семя ваше, как звёзды небесные, и всю землю сию, о которой Я сказал, дам семени вашему, и будут владеть вечно». И отменил Господь зло, о котором сказал, что наведёт его на народ Свой.

Исход 32:11-14

Моисей использовал мощное оружие в этом судебном заседании. Он напомнил Богу об обещаниях, которые Он дал потомкам Авраама относительно их судьбы. Бог поклялся Собой народу Израиля. Каждое обещание, которое Бог издает со Своего престола, записывается в решении совета, царском указе или совете Господнем. Основание для мольбы Моисея можно найти в этих письменных небесных свитках.

Масштабы нашего мандата

Масштабы нашего мандата в небесных судах напрямую связаны с обетованиями и заданиями, записанными на небесах. Каждый человек имеет мандат ходатайствовать об исполнении своей собственной судьбы. Бог дал нам право заставить замолчать каждый язык, который говорит против нас в судах небесных.

Ни одно орудие, сделанное против тебя, не будет успешно; и всякий язык, который будет состязаться с тобою на суде, — ты обвинишь. Это есть наследие рабов Господа, оправдание их от Меня, говорит Господь.

Исаия 54:17

В этом стихе ясно говорится, что у нас есть полномочия свидетельствовать в небесных судах. Это наше наследие, по сути, это наш долг. Если мы его не выполняем, пострадает наша судьба, Царство Небесное.

Каждая разрушенная судьба — это победа врага Божьего. Нам крайне важно знать, какова наша судьба, и осознать нашу ответственность как на земле, так и на небесах.

Мандат, который мы получили от Бога, напрямую связан с ответственностью, которую мы несем. Эта ответственность связана с нашей судьбой, с функцией, которую мы выполняем, или с должностью, на которую мы поставлены. Все записано в нашем личном свитке, и важно, чтобы мы прочитали этот свиток и сделали его своим.

Возможно, на нас возложена ответственность не только за реализацию собственной судьбы, но и за судьбы других. Возможно, Бог дал нам пост, в котором мы несем ответственность за то, чтобы привести людей, которые вверены нашей заботе, к Господу. Когда мы стоим перед лицом Божьим, мы молимся и просим прощения от их имени. Таким образом, мы даем Богу право простить их и благословить их.

Мандат, который мы получили от Бога, напрямую связан с ответственностью, которую мы несем.

Иногда кто-то еще может попросить нас действовать от его имени. Например, так происходит в земном суде, где нас представляет адвокат. Мы предоставляем адвокату полномочия на защиту нашего дела перед судьей. В Писании мы видим, что руководители городов Израиля просили пророков молиться за их город. Хорошо известный пример - когда жители Иерихона попросили Елисея помолиться о бесплодии на земле[86].

Мандат на ходатайство

Мой друг юрист рассказал мне историю о судебном деле, где он юридически представлял одного человека в суде. От имени своего клиента он подал несколько исков в качестве истца, чтобы предотвратить выселение из его дома. Домовладельцу было разрешено защищать свое дело перед судьей, но сам он в заседании не присутствовал. Вместо этого он послал судебного пристава представлять себя.

86 4 Царств 2:19-22

Разрешив ответчику выступать, судья спросил представителя домовладельца, кто он и кого он представляет. Пристав сказал судье, что он представляет домовладельца и начал выступление по данному вопросу.

Но судья остановил его и не позволил выступить на заседании суда. Право выступать дается только домовладельцу или его адвокату. Поскольку ответчик не был ни тем, ни другим, ему не разрешалось выступать от имени домовладельца. У него не было юридических полномочий представлять домовладельца.

Судебный пристав возразил, заявив, что он делал это в нескольких других случаях по всей стране. Но судья придерживался твердой позиции, заявив, что пока он председательствует на данном суде, он будет строго следовать закону. Судья удовлетворил все требования клиента моего друга. В данном случае мы видим, что очень важно явиться в суд с правильными полномочиями на ходатайство.

Сатана - наш противник в небесных судах, и он старается использовать все возможные юридические лазейки, чтобы помешать нам защитить наше дело. Он знает, что, если мы будем ходатайствовать правильно, его дело уже проиграно. А если мы собираемся ходатайствовать от имени кого-то другого, нам нужно обладать правильным мандатом.

Не только у людей есть судьба, назначенная им небесами. Такая же судьба есть и у городов, государств и народов. Даже корпорации и организации могут быть признаны на небесах и иметь там свиток с написанной на нем их судьбой. В этом свитке также написано, кто отвечает за реализацию этой судьбы. Это может быть человек, совет директоров или правительственное должностное лицо. Только этим людям в принципе разрешено представлять или защищать свою организацию или нацию в небесных судах. Однако не исключено, что другие люди могут получать мандат на выступление от их имени в суде.

Когда кто-то ходатайствует в небесных судах за нацию, город или организацию, враг очень внимательно следит за тем, имеете ли вы соответствующие полномочия. Если у вас нет соответствующего мандата, враг может попросить судью отказать вам в ходатайстве. Такое случается со многими ходатаями. Несмотря на огромную страсть, которой они пылают в молитве, их ходатайства не принимаются судом, потому что у них нет правильного мандата. Судья не может принять к рассмотрению их показания или ходатайства, когда он принимает решение по делу.

Поэтому очень важно знать, есть ли у вас надлежащий мандат, когда вы выступаете за свою нацию или город, потому что ваш мандат всегда связан с ответственностью, данной вам Богом и результатом вашего ходатайства.

Мандат на судейство

Есть ли у нас полномочия судить? Уполномочены ли мы выносить приговор? Многие христиане верят, что только Бог имеет власть судить. Они ссылаются на Нагорную проповедь в Евангелии от Матфея, где Иисус говорит, что мы не должны судить. Конечно, это правда, но на этом речь Иисуса не заканчивается. Есть причина, по которой мы не должны судить.

> *Не судите, да не судимы будете, ибо каким судом судите, таким будете судимы; и какою мерою мерите, такою и вам будут мерить. И что ты смотришь на сучок в глазе брата твоего, а бревна в твоём глазе не чувствуешь?*

> *Матфея 7:1-3*

Мы не должны судить, если ли у нас есть бревно в собственном глазу. Только после того, как мы вытащим это бревно из собственного глаза, мы сможем помочь нашему брату.

Опять же, я хочу подчеркнуть, что происходит с нашими эмоциями, когда мы слышим слово «судить». У нас часто бывает негативная реакция, которая коренится в страхе перед последним судом. Но Иисус здесь говорит о принятии решения о добре и зле, а не об окончательном суде.

> *Не судите по наружности, но судите судом праведным.*

> *Иоанна 7:24*

Если бы правда христианам запрещалось судить, ни один верующий не смог бы быть судьей на Земле. Я думаю, нам известно, что судьи жизненно необходимы, чтобы поддерживался закон и порядок в обществе. Без надлежащей судебной системы каждый бы просто делал то, что хорошо в его глазах. Хаос и анархия будут правили бы бал. Любому обществу и группе людей нужна система управления правосудием для разрешения конфликтов. Иисус предупреждает нас не судить, если наша способность делать это затуманена, затруднена. До тех пор, пока в нашем глазе есть бревно, мы должны воздерживаться от суда. Той же мерой, какой мы судим, нас самих будут судить.

По-гречески слово суд звучит как «крино». Этот глагол встречается 115 раз в Новом Завете. В некоторых этих отрывках говорится о последнем суде, а другие упоминают о суде, который отдан в руки Иисусу. Но есть также отрывки, где Павел объясняет, что святые Божьи наделены полномочиями судить.

> *Как смеет кто у вас, имея дело с другим, судиться у нечестивых, а не у святых? Разве не знаете, что святые будут судить мир? Если же вами будет судим мир, то неужели вы недостойны судить маловажные дела? Разве не знаете, что мы будем судить ангелов, не тем ли более дела житейские?*

1-е Коринфянам 6:1-3

Ситуация в Коринфе начала выходить из-под контроля. Трения между членами этой церкви росли. Люди принимали чью-то сторону, и единство Тела Христова оказалось под угрозой. Павел писал об этом в своем первом послании. Члены первой церкви начали искать справедливости в светских судах у тех, кто не обладал квалификацией или не имел полномочий судить о духовных вопросах.

Павел сказал им, что они неправы. Косвенно он сослался на местный суд Бейт-Дин синагоги (его я упоминал ранее). Согласно еврейским правилам, у членов Бейт-Дина были полномочия вынести решение по поводу внутренних конфликтов между членами синагоги. Для членов церкви в Коринфе было ошибкой искать там справедливости. Павел даже напомнил им, что святые Всевышнего судят не только мир, но и ангелов.

Мы священники и цари перед Богом, потому что мы посажены рядом с Ним.

Если у святых есть полномочия судить ангелов, то они, безусловно, обладают полномочиями судить о вещах, относящихся к этой нормальной жизни. Мы назначены судить со Христом не только в будущем, но и сегодня.

Постараюсь объяснить. Христос восседает на небесах намного выше всякого начальства, власти, силы и господства. Он правит всеми ними. Он - Глава всего сущего.

По милости Божьей мы тоже воскрешены из мертвых и оживлены. Мы посажены со Христом на небесах на престоле, рядом с Отцом. Павел объясняет это в Ефесянам 1:20-2:8

Престол - место вынесения приговора суда, поскольку он прямо связан с постом и положением царя. Мы - священники и цари перед Богом, потому что мы посажены с Ним. Именно с этой позиции мы судим мир и ангелов. Это привилегия и мандат, данный нам.

Но большинство из нас упускают эту возможность правления, потому что мы не уверены, разрешено ли это нам, уполномочены ли мы это делать. Мы едва ли осмеливаемся приносить наши проблемы пред лицо нашего Бога, и мы лишь частично убеждены, что Он слышит нас. Мы не берем на себя ответственность судить врага. Мы ждем, когда наш Папа на небесах решит все наши проблемы. Но это не есть позиция зрелого человека.

Когда мы только обратились в христианство, мы были как маленькие дети, зависимые исключительно от других. Нас нужно было кормить, воспитывать и одевать. Другие отвечали за наше благополучие, и мы часто обращались за помощью. Но Бог хочет, чтобы мы стали зрелыми сыновьями. Он призвал нас нести ответственность за то, что происходит на земле. Он дал нам назначение утвердить здесь Его Царство. Он призвал нас стать царями и священниками на небесах. Обязанность царя - судить и выносить приговор на престоле; разгонять очами своими все злое.

> *Царь, сидящий на престоле суда, разгоняет очами своими всё злое.*
>
> *Притчи 20:8*

Когда на земле нет царя, на свободу вырываются хаос и анархия. Каждый делает то, что кажется лучшим в его собственных глазах. Мы видим этот принцип в книге Судей — это та часть Библии, которая полностью посвящена функции и положению судей в народе Израиля. Мы читаем рассказ за рассказом о судьях, которые являются, когда нация приходит к бедственному положению. Судьи добивались справедливости в стране и выносили приговоры. Каждый из этих двенадцати судей возвращал народ к Богу. Но, увы, после смерти каждого судьи народ снова отворачивался от Господа.

> *В те дни не было царя у Израиля; каждый делал то, что ему казалось справедливым.*
>
> *Судьи 17:6 и 21:25*

Все понимают, что это не может быть здоровым состоянием ни для какой нации. Народ без судей приходит к хаосу. Некоторые думают, что правила и положения ограничивают их свободу. Ничто не может быть дальше от истины. Верховенство закона обеспечивает нашу свободу; важно занять свою позицию в небесных судах, чтобы защищать нашу нацию.

Это означает, что нам нужно повзрослеть и взять на себя сыновнюю ответственность. Часто это приводит нас к состоянию внутреннего конфликта. С одной стороны, мы хотим получить силу и славу, которые положены зрелому сыну, но, с другой стороны, мы не хотим платить за это. Когда мы готовы взять на себя эту ответственность, мы получаем мандат на подачу иска в небесные суды и вынесение приговоров.

Наша задача - тренировать наши чувства, чтобы они могли различать как добро, так и зло.

Боюсь, что большинство из нас слишком зависимы от молока и не способны переваривать твердую пищу. Мы предпочитаем быть принцами, которые можно все, что хочется, и наслаждаться жизнью по полной, а не возрастать, чтобы стать царями. Мы еще не научились получать слова от Бога и применять их в своей жизни. Ведь молоко — это переваренная пища другого живого существа. Мы неопытны в слове праведности, и мы не приучили свои чувства различать.

Ибо, судя по времени, вам надлежало быть учителями; но вас снова нужно учить первым началам слова Божия, и для вас нужно молоко, а не твёрдая пища. Всякий, питаемый молоком, несведущ в слове правды, потому что он младенец;

твёрдая же пища свойственна совершенным, у которых чувства навыком приучены к различению добра и зла.

Евреям 5:12-14

Наша задача - тренировать наши чувства, чтобы они могли различать как добро, так и зло. Это - главное значение греческого слова «крино». Когда мы выносим приговор, мы различаем добро и зло. Мы должны быть теми, кто возвышает свой голос, чтобы его услышали на земле: «Это несправедливо. Мы этого не *допустим*». Давайте отложим в сторону трепет и неуверенность и займем наши позиции, позиции сынов Божьих.

Настало время применить это на практике и научиться выносить праведный приговор. Мы это делаем не для того, чтобы наказать человека или доказать свою правоту, но, чтобы явить полноту сострадания, милосердия, истины и любви. Мы судим так же, как хотим, чтобы Господь судил нас. Поэтому Иисус может молиться за нас, потому что Он прошел те же испытания, которые проходим и мы. Он знает, как трудно поступать на земле праведно, проходя испытания искушений и желаний. У Иисуса есть полномочия ходатайствовать за нас, потому что Он преодолел все искушения. Это Его назначение, назначение священника в доме Его Бога.

Посему и может всегда спасать приходящих через Него к Богу, будучи всегда жив, чтобы ходатайствовать за них.

Евреям 7:25

Мандат на исполнение приговора

Мы обсудили мандат на ходатайство и суд. Но нами получен и другой мандат. Этот второй мандат выходит за рамки разрешения судить. Он дает нам право приводить приговор в исполнение.

Как я уже говорил ранее, наш мандат напрямую связан с нашей судьбой и позицией. Мы получаем мандат на исполнение приговора, когда достигаем зрелости сыновства; когда мы становимся готовыми и способными нести ответственность в Царстве Небесном.

Основание для этих полномочий мы находим в книге Псалтирь. Мы читаем там, что наша задача - выполнить письменное судебное решение, а также находим метод его выполнения.

Да торжествуют святые во славе, да радуются на ложах своих. Да будут славословия Богу в устах их, и меч обоюдоострый в руке их, для того, чтобы совершать мщение над народами, наказание над племенами, заключать царей их в узы и вельмож их в оковы железные, производить над ними суд писанный. Честь сия — всем святым Его. Аллилуия!

Псалом 149:5-9

Этот псалом - победная песня святых Господа. Мы получили от Бога власть производить писанный суд над нашими врагами. У нас есть обоюдоострый меч в руке и славословия нашему Богу в устах. Отец желает, чтобы мы победили своих врагов, ведь они также и Его враги. Мы исполняем приговоры врагам Божьим на земле.

Последние двадцать лет я был тесно связан со служением освобождения в нашей церкви. Когда мы начали это служение в 1996 году, среди нас было много тех, кто пережил серьезные травмы в жизни, такие как тяжелые формы ритуального насилия. В результате их мучили демоны и силы тьмы. Эти переживания наложили глубокий отпечаток, люди годами пытались найти помощь. Но ничто, казалось, не может им помочь.

Прежде всего хочу сказать, мы призваны благословлять и любить людей, которые противостоят нам.

Однажды в нашей церкви оказался человек, который научил нас новому способу молитвы об освобождении. Это учение нанесло решающий удар и стало ключом к освобождению и искуплению наших измученных братьев и сестер. Суть этого метода заключалась в том, что мы не сражаемся с демоном, а открываем дело в небесных судах. Демоны должны были явиться туда и там быть привлечены к ответственности за все страдания, которые они причинили своим жертвам. Вы действительно не можете себе представить, что это значило для этих жертв ритуального насилия, когда они буквально увидели, что демоны ответят перед Судьей за то, что они сделали. Эти Божьи герои своими глазами видели, как приводится в исполнение приговор Всемогущего Судьи над демонами.

Результаты этих сессий были и остаются потрясающими. Мы увидели величие жертвы Иисуса своими глазами. Одним из ключевых моментов в каждой сессии стало исполнение приговора, вынесенного Вечным Судьей над демонами. Согласно Псалму 149, мы получили власть исполнить окончательный суд над этими силами тьмы. Иногда их уводят в цепях, иногда повергают в бездну или сжигают огнем, окружающим престол. Так или иначе, эти приговоры возвестили конец эпохи тирании. Для каждого из героев нашего Царя наступил новый день.

Мандат на исполнение письменных судов дает нам право выносить приговоры врагам Господа. Понимаете ли вы, что цари, упомянутые в Псалме 149, — это́ не люди, а начальства и власти тьмы? Наша брань не против крови и плоти, но против начальств, против властей[87]. Очень важно это понимать. Врагами Господа являются эти начальства и власти тьмы, а не люди, которые противостоят нам.

Прежде всего хочу сказать, мы призваны благословлять и любить людей, которые противостоят нам. Господь желает восстановления всем Своим детям. Наша задача - поддержать это желание нашего Отца в любви к нашим братьям и в молитве за них. Подобно Иисусу, который умер за нас, когда мы были еще врагами Отца[88], мы так же можем отдавать нашу жизнь для исцеления наших врагов. Суть этой книги - научить нас ходатайствовать в выездном суде, чтобы Судья оправдал нас. Мы идем в суды небесные не для того, чтобы притащить к Судье Его же детей, чтобы Он осудил их. Ведь все души и так принадлежат Ему[89].

Заключение

Мы получили мандат на вход в выездной небесный суд. Здесь мы можем выступать посредниками, ходатайствовать и судить. У нас есть привилегия исполнять на земле письменный приговор Его врагам. Границы наших полномочий напрямую связаны с нашей судьбой и решением совета Господня о нашей жизни.

Когда мы, взрослые чада живого Бога, серьезно относимся к своему назначению стать царями на земле, у творения появляется надежда. У всего творения, потому, что вся тварь совокупно стенает и мучится доныне из-за неправедности человечества[90]. Я молюсь, чтобы мы заняли свое место и позицию в судах небесных, чтобы привести это стенающее творение к свободе.

В следующей главе я опишу, что мы можем сделать в выездном суде для тех, кто с нами поступил несправедливо.

87 К Ефесянам 6:12
88 Римлянам 5:8-10
89 Иезекииль 18:4
90 Римлянам 8:19, 22

8

Любите врагов ваших

Я слышал и такое: человек агрессивно заявляет о том, что он подаст в небесный суд на своих коллег по работе. Он решил, что он выиграет это дело, а его противники получат по заслугам.

Но ведь это прямо противоположно природе и характеру нашего Бога. Заморочить небесный суд не получится. В конце концов, Всемогущий Бог абсолютно беспристрастен. Если мы не понимаем этого, мы понятия не имеем, каков на самом деле праведный Судья. Писание предупреждает нас много раз о том, суд должен вершиться праведно в Израиле. Бог ненавидит лжесвидетелей - судей, которые отдают предпочтение богатым и объявляют виновных невиновными.

Когда мы излагаем свое дело Небесному Судье, Он не примет решение в нашу пользу просто потому, что мы Его дети. Нельзя идти в суды небесные для решения всех своих проблем. На земле вы так не делаете, и, тем более, так не делается на небесах. Небесный суд не является волшебной палочкой для решения любой нашей проблемы. Если быть до конца честным, мы должны признать, что, сталкиваясь с конфликтом, мы почти всегда рассматриваем его через наши парадигмы и призму наших эмоций. Это практически неизбежно, потому что именно наши эмоции глубоко задеты, если с нами обращаются несправедливо. Все в нас кричит о мести.

Небесный суд не является волшебной палочкой для решения любой нашей проблемы.

Во время судебного заседания несколько сторон могут выступать и отстаивать свое дело. Есть истец, ответчик (и в уголовных делах прокурор и адвокат защиты), свидетели и свидетели-эксперты. И есть судья, чья обязанность - предоставить каждой стороне достаточную возможность изложить свое дело. Судья также следит за порядком в зале суда.

Судебная система не выносит решения на эмоциях. Кстати, в Нидерландах судья по гражданским делам может вынести вердикт только на основе фактов. Эти факты должны быть изложены сторонами, которые стоят перед ним. Самому судье не разрешается излагать факты, которые могли бы повлиять на результат. Даже если судье известно об определенных фактах, которые не представлены ему в суде, ему не разрешается учитывать эти факты в своем приговоре[91]. Только после того, как все стороны получат возможность изложить свою позицию, он выносит приговор.

Обе стороны имеют право обжаловать приговор суда. Однако эмоции не являются достаточным основанием для апелляции. При обжаловании дело будет рассматриваться на соответствие закону, а не по нашей эмоциональной реакции на приговор. Бывает, что нам сложно принять решение суда из-за того, что оно противоречит нашему чувству справедливости. Но судья обязан выносить решения, основываясь на законе, а не на своих личных чувствах по разбираемому делу. То, что судья думает в частном порядке, не имеет значения.

В судах небесных действуют те же самые принципы. Небесный Судья выносит приговор только на основании фактов и доказательств, представленных в ходе суда. Если они не были предоставлены правильным образом, Судья Небесный не сможет учесть их в Своем решении, даже если Он в Своей великой любви предпочел бы сделать по-другому. Вот почему Бог был огорчен, когда некому было встать в проломе за народ Израильский.

> *Искал Я у них человека, который поставил бы стену и стал бы предо Мною в проломе за сию землю, чтобы Я не погубил её, но не нашёл.*
>
> *Иезекииль 22:30*

Ключом к этому стиху является отрывок: «стал бы предо Мною». Это показывает нам, что мы стоим не в проломе на земле, а на небесах - или, лучше сказать, в духовном измерении. Когда же мы молчим и отказываемся встать в проломе, единственный голос, который слышен на небесном суде — это голос обвинителя, сатаны. Как писал Иоанн, он клевещет на нас день и ночь перед нашим Богом[92]. Настало время, чтобы наш голос был услышан в судах небесных. Наша задача - поставить стену, чтобы сатана больше не мог нападать на нашу нацию или наших близких.

91 https://en.wikipedia.org/wiki/Judgment_(law)

92 Откровение 12:10

Не мстите за себя

На земном суде нас представляет адвокат, который хорошо знаком с законами и протоколом судопроизводства. Но еще он нам нужен потому, что сможет представить факты нашего дела, не впадая в эмоции. Когда участники процесса становятся слишком эмоциональными, судья может отложить заседание или удалить тех, кто нарушает порядок.

В большинстве стран запрещено вершить суд самостоятельно. Мы не уполномочены выносить приговор человеку, причинившему нам вред. Если с нами поступили несправедливо, мы обязаны решить этот вопрос в суде. Судья вынесет решение, и определит наказание. Судья сделает это, руководствуясь нормами и определениями закона.

Павел дает нам такой же совет. Не становитесь судьей, присяжными или палачами, но отдайте все это Богу.

> *никому не воздавайте злом за зло, но пекитесь о добром перед всеми человеками. Если возможно с вашей стороны, будьте в мире со всеми людьми. Не мстите за себя, возлюбленные, но дайте место гневу Божию. Ибо написано: «Мне отмщение, Я воздам, говорит Господь». Итак, если враг твой голоден, накорми его; если жаждет, напои его: ибо, делая сие, ты соберёшь ему на голову горящие уголья.*
>
> *К Римлянам 12:17-20*

Понимаете ли вы, что прощение является юридическим действием? Когда вы прощаете кого-то, на небесах делается запись. В юридическом досье вашего оппонента отмечено, что вы передали право на возмездие в руки Небесного Судьи. Бог гораздо лучше подготовлен к тому, чтобы вынести справедливый приговор, чем мы. Проверьте сами. Когда вы попали в противоположную ситуацию, и вас обвиняют, разве вы не молите Бога о милости? У нас отлично получается оправдать любое наше действие или бездействие.

Мы убеждаем Судью, что мы и в мыслях не хотели причинить вред другому, или мы пытаемся доказать Ему, что проблема на самом деле у оппонента. Все эти аргументы исходят из однобокого взгляда и нашего душевного желания быть правым. А если бы кто захотел спорить, то мы не имеем такого обычая[93]. Самое главное заключается в том, чтобы

93 1-е Коринфянам 11:16

воля Божья была исполнена на земле, как на небесах; независимый Судья принимает решение не привязываясь ни к какой из сторон.

Угли горящие

Писание говорит: «Итак, если враг твой голоден, накорми его; если жаждет, напои его: ибо, делая сие, ты соберёшь ему на голову горящие уголья». Библия также говорит нам любить наших врагов. Кажется, что эти стихи противоречат друг другу. Как я могу любить своего врага, одновременно собирая ему на голову горящие угли?

Глубокое желание возмездия остается внутри нас. Конечно, мы накормим и напоим наших врагов, но мы делаем это не просто так: пусть их головы горят огнем. Будут знать!

Но прощение — это отказ от права на возмездие.

Когда мы мыслим так (а кто так не думает?), мы толкуем писание по-гречески, а не по-иудейски. Иудеи смотрят на функцию вещей, в то время как греки строго смотрят на форму, в которой вещь представлена. Мы представляем себе огненные угли, которые сжигают голову нашего врага. Но в иудейском взгляде голова несет функцию управления чем-либо. Голова управляет телом. Управляет им и имеет над ним власть. Помните, что писал Павел? Он сказал, что Христос является Главой Экклесии.

И Он есть глава тела Церкви; Он — начаток, первенец из мёртвых, дабы иметь Ему во всём первенство.

Колоссянам 1:18

Один из иудейских принципов толкования называется «закон первого упоминания». Это значит, что нужно найти, когда это понятие впервые упоминается в Писании. Контекст этого первого упоминания устанавливает прецедент для последующих упоминаний, прочитанных нами. Теперь вернемся к огненным углям.

Впервые мы видим это понятие в Левите 16:12. Мы читаем о кадиле, полном горящих углей, который вносит Первосвященник в виде благоухания приятного за завесу.

С учетом этого контекста, что говорит нам Писание, когда мы любим своего врага и даем ему еду и питье? Показывая ему любовь, мы ведем этого человека за завесу в присутствие нашего Господа. Затем огонь жертвенника сожжет демоническую силу, которая правит вашим врагом. Ваши враги будут избавлены от зла и угнетения, которые они испытали в своей жизни, что даст им способность покаяться.

Мы идем в небесный суд не для того, чтобы доказать свою точку зрения. Когда вы входите с таким отношением, это может плохо для вас закончиться. Иисус предупреждает нас именно о таком настрое. Почти в каждом конфликте участвуют как минимум две стороны, и они обе несут ответственность за создавшуюся ситуацию. Одна старая поговорка гласит: «Танго в одиночку не станцуешь». Когда мы полностью оправдываем себя и виним нашего оппонента во всем, что произошло, наш противник отведет нас к Судье и докажет, что мы неправы.

Мирись с соперником твоим скорее, пока ты ещё на пути с ним, чтобы соперник не отдал тебя судье, а судья не отдал бы тебя слуге, и не ввергли бы тебя в темницу; истинно говорю тебе: ты не выйдешь оттуда, пока не отдашь до последнего кодранта.

Матфея 5:25-26

Никто, кроме Господа, не без греха. В каждом конфликте мы тоже сыграли свою роль. Лучше признать это до того, как вы явитесь в суд. Наш Небесный Судья различает каждую мысль и намерение нашего сердца[94]. Каждое слово, которое мы когда-либо сказали, и каждая мысль, которая у нас когда-либо появилась, могут быть предъявлены во время судебного заседания в качестве доказательства. Не думайте, что ваши мысли скрыты.

> *И ты, Соломон, сын мой, знай Бога отца твоего и служи Ему от всего сердца и от всей души, ибо Господь испытует все сердца и знает все движения мыслей.*
>
> *1 Паралипоменон 28:9*

> *Даже и в мыслях твоих не злословь царя, и в спальной комнате твоей не злословь богатого; потому что птица небесная может перенести слово твоё, и крылатая — пересказать речь твою.*
>
> *Екклесиаст 10:20*

---

94 Евреям 4:12

Благословляйте и не проклинайте

Когда будете ходатайствовать на судах небесных, будьте милостивы к обидчикам. Возможно, будет очень трудно простить человека, поступившего с вами крайне несправедливо. Все ваше существо кричит о мести, чтобы с этим справиться, уйдет какое-то время. Мы должны понимать, что небесные суды существуют для того, чтобы судить силы тьмы. Суды – это не место нашего личного возмездия людям.

Самое важное решение из доступных нам - позволить Иисусу исцелить наше сердце. Когда Его любовь исцелит нас, мы сможем увидеть ситуацию так, как видит ее Он. Если вы не испытали травму на себе, легко советовать другому простить своих врагов. Мы должны попросить Бога отомстить за нас. Возможно, именно поэтому Давид взывал к Богу, чтобы Он оправдал его.

В небесный суд мы приходим не для того, чтобы доказать свою точку зрения.

Прощение человека, причинившего нам боль, начинается с решения в вашем сердце. Готовы ли мы отпустить боль и попросить Иисуса помочь нам это сделать? Когда мы прощаем человека, мы вовсе не делаем вид, что ничего не произошло или что Бог этого не видел. Напротив, когда мы прощаем, мы даем Богу возможность вынести справедливый приговор. В конце концов, прощение — это юридически значимое действие. Простив, мы передаем право на возмездие праведному Судии. Он может осудить тех, кто в конечном итоге виновен, праведно и справедливо.

Как понять, простил ли я обидчика? Ответ на этот вопрос не так сложен, как вы думаете. Та степень, в которой мы можем публично выразить уважение человеку за то, кем он такой на самом деле — это степень, в которой мы простили его. Это та степень, с которой мы искренне хотим, чтобы он преуспел в выполнении миссии, полученной им от Бога. Это та степень, в которой мы готовы пострадать за него, чтобы он был успешным в своем хождении с Богом. Это - признак нашего прощения, и мы можем проявить его лишь позволив божественной любви-агапэ изливаться через нас.

Если есть слово, которым можно описать Бога, это - любовь. Именно по Своей любви Он послал Своего Сына в мир. Именно эта любовь всего надеется, всему верит и делает все возможное, чтобы восстановить отношения. Именно эта любовь покрывает многие грехи. Именно эта любовь спасла нашу душу.

Но Бог Свою любовь к нам доказывает тем, что Христос умер за нас, когда мы были ещё грешниками. Ибо если, будучи врагами, мы примирились с Богом смертью Сына Его, то тем более, примирившись, спасёмся жизнью Его.

Римлянам 5:8, 10

Когда прощаем человека, это меняет нас. Мы получаем свободу от боли, горечи и последствий от соделанной с нами несправедливости. Прощение, которое мы провозглашаем, делает нас свободными.

Но как же тот стих в Писании, который говорит нам, что, если мы простим, то и Бог простит обидчика? Как насчет возмездия за все зло, которое нам сделали? Если мы перечитываем и поймем, в каком контексте звучит этот стих, где Иисус говорит о связывании и разрешении, мы видим, что Иисус дал Своим ученикам власть править[95].

Кому простите грехи, тому простятся; на ком оставите, на том останутся.

Иоанна 20:23

Иисус говорит ученикам, что, если они судят и не прощают человека, Бог как Судья тоже не простит этого человека.

Печальным примером является история Анании и Сапфиры[96]. Они солгали апостолам, церкви и Святому Духу о сумме их финансового пожертвования, и последствия были серьезны. Петр судит их обоих, и они оба умирают.

Ни в коем случае не подумайте, что Богу угодна смерть какого-либо человека, даже если он ваш враг[97]. Знаете ли вы, почему Давид был человеком по сердцу Божьему? Он отреагировал так же, как Бог, когда услышал весть о смерти своего врага, Саула. Когда отрок рассказывает Давиду, что Саул и его сын Ионафан были убиты, он ожидает, что Давид будет рад это слышать. Итак, он начинает хвастаться тем, как они оба умерли. Он даже придумывает, что это он сам нанёс Саулу последний смертельный удар. Реакция Давида и его людей оказалась совершенно противоположной тому, что отрок ожидал.

95 Матфея 16:19
96 Деяния 5:1-11
97 Иезекииль 18:23,32; Иезекииль 33:11

Тогда схватил Давид одежды свои и разодрал их, так же и все люди, бывшие с ним, и рыдали и плакали, и постились до вечера о Сауле и о сыне его Ионафане, и о народе Господнем и о доме Израилевом, что пали они от меча.

2 Царств 1:11-12

Это тот самый Давид, которого Саул изгнал из царского двора, преследовал его многие годы и жестоко ненавидел, этот Давид был искренне опечален. Давид был невиновен и был вынужден когда-то спасаться бегством, но теперь он разрывает свои одежды, когда слышит весть о смерти своего врага. Он ранее продемонстрировал на деле, что не причинит вреда помазаннику Господню. Когда его люди убеждали его убить Саула, потому что Бог отдал Саула в руки Давида, он решил не делать этого. Давид не только уважал должность царя, он искренне любил Саула и Ионафана.

Для этого молодого амаликитянина история закончилась плохо. Он был убит из-за собственных слов: «Я убил помазанника Господня».

Пусть это будет уроком для всех нас. Бог не радуется смерти умирающего, даже нечестивого[98]. Он призывает к покаянию всех живущих на земле. Он их всех любит. Давайте последуем Его примеру, как это сделал Давид. Бог никогда не примет сторону кого-то одного. В тот момент, когда вы вступаете в конфликт с другим человеком, вы должны осознать, что Бог любит этого человека так же сильно, как и вас. Он судит без лицеприятия к людям.

А что делать с компанией в Небесных судах?

Когда мы появляемся в небесных судах, чтобы отстаивать свое дело, мы имеем дело с отдельными людьми, хотя наши настоящие враги — это дьявол и его силы тьмы. Сатана - наш противник; враг, который стремится уничтожить нас.

Но мы также можем столкнуться с несправедливостью со стороны компаний и организаций. Хотя силы тьмы оказывают большое влияние на компании и организации, вред исходит от конкретных людей, работающих в данной организации. Когда мы выступаем в суде по поводу этой несправедливости, мы имеем дело с организацией или компанией, а не с физическими лицами, работающими в ней. Они - наши оппоненты,

98 Иезекииль 18:23

а не наши противники, это нужно различать.

У большинства компаний и организаций есть заявление о миссии - документ о судьбе, если хотите, объясняющий, зачем эта организация существуют на земле. Если эта судьба соответствует воле Всемогущего, через эти компании и организации будет утверждаться Царство Божье. Небеса поддерживают эту организацию, и я лично верю, что для нее есть свиток на небесах. Нужно попробовать увидеть нашего оппонента с небесной точки зрения.

Ни в коем случае не думайте, что Богу угодна смерть хоть кого-либо из людей, даже если они - ваши враги.

Например, предположим, что у вас возник конфликт с компанией по поводу доставки определенных товаров. Цена и дата доставки уже были согласованы, но через некоторое время вам звонят из компании. Теперь человек настаивает на том, что вы должны заплатить более высокую цену, потому что продукт будет поставляться другой компанией. Вам объясняют, почему цена выросла, но вы хотите, чтобы ваш заказ был выполнен по первоначальной цене.

Вы начинаете готовить свой иск, и Святой Дух показывает вам, почему компания хочет изменить условия. Похоже, что она больше заработает, если будет вести дела с другим поставщиком. Это - реальная причина, по которой человек попытался изменить условия сделки.

Итак, что вы можете сделать? Конечно, вы можете привлечь эту компанию к суду небесному и потребовать возмещения убытков. Но корень проблемы в том, что владелец нечестно пытается извлечь больше прибыли. Это - влияние маммоны. Лучший подход - благословить компанию, чтобы она была избавлена от влияния маммоны, без потери дохода. Вы не проклинаете компанию за то, что они поддались маммоне. Такой будет правильная позиция в судах небесных. Благословляйте других, кто, как и вы, получили миссию от Господа. Пожелайте им быть такими же успешными, как и вы.

Хотя демоны все равно оказывают негативное влияние на людей, которые работают в компании, это не главная проблема. Важно, что вы благословляете своего противника, даже если он несправедлив к вам. Прощение – это очень мощное оружие в небесном суде, потому что оно позволяет Судье вершить правосудие в отношении вас. Он разберется со всяким врагом, который угнетает вас, и возместит вам все, что с вами случилось.

И воздам вам за те годы, которые пожирали саранча, черви, жуки и гусеница, великое войско Моё, которое послал Я на вас.

Иоиль 2:25

Церковь должна молиться за компании, организации и людей, чтобы освободить их от демонического гнета. Принципы, которые мы обсуждаем в этой книге, применимы не только в наших личных ситуациях. Они могут применяться шире. Мы можем обращаться в суд с ходатайством за компанию, город и страну. Но это не является темой данной книги.

Произносите благословение, когда ходатайствуете

Если мы способны благословить нашего оппонента, наш Небесный Отец сможет справиться с реальным врагом: нашим противником. Он ведь желает, чтобы каждый человек имел вечную жизнь. Поэтому ищите как наилучшим образом благословить вашего оппонента в судах небесных. Благословляйте людей и организации всем лучшим, что Бог может им дать. Ищите мира и живите в мире со всеми людьми[99]. Каждый человек несет ответственность за свои действия. Но мы не отрицаем, что демоны могут очень сильно влиять на наше поведение.

А Я говорю вам: любите врагов ваших, благословляйте проклинающих вас, благотворите ненавидящим вас и молитесь за обижающих вас и гонящих вас.

Матфея 5:44

Когда вы находитесь в суде, вы не разговариваете со своим оппонентом. Вы обращаетесь только к Небесному Судье. Конечно, вы имеете право просить, чтобы ваш оппонент выполнил взятые на себя обязательства. Но вы делаете это с другим отношением. Когда вы начнете молиться за других и вставать в пролом за них, Бог иногда удивит вас. Ваш оппонент может даже изменить свое мнение или отношение к вам.

Таково должно быть наше отношение, когда мы приходим в суды небесные, чтобы обратиться к закону за решением. Если же мы идем туда, чтобы уничтожить нашего противника, который был создан по образу

---

99 Римлянам 12:18

Божьему, то мы слепы к тому, в каком духе мы действуем[100]. Притчи предупреждают нас не радоваться падению нашего врага.

Не радуйся, когда упадёт враг твой, и да не веселится сердце твоё, когда он споткнётся. Иначе увидит Господь, и неугодно будет это в очах Его, и Он отвратит от него гнев Свой.

Притчи 24:17-18

Павел дает нам аналогичное предупреждение. Он говорит, что мы боремся не с плотью и кровью, а с начальствами и властями поднебесными. По этой причине важно хорошо подготовить наше судебное дело. Важно, чтобы наши ходатайства шли не от эмоций, а от знания Божьих желаний. Поскольку Небесный Судья также является нашим Отцом и Другом, Он поможет нам в этом процессе. Он может даже попросить вас встать в пролом за вашего оппонента, прежде чем вы представите свое дело против него.

Когда вы находитесь в суде, вы не разговариваете со своим оппонентом. Вы обращаетесь только к Небесному Судье.

Когда вы начинаете молиться за своих оппонентов и желаете им лучшего, удивительно, что произойдет с вами через несколько недель. Любовь Божия начинает течь через вас, и вы будете входить в суды небесные с другим отношением. Задача выиграть суд становится не такой важной для вас; вы жаждете увидеть исполнение подлинной судьбы человека[101]. Царство небесное силою берется, употребляющие усилие восхищают его. Вот что происходит, когда у всех нас начнет исполняться судьба [102].

Краткое время для размышлений

В конце этой главы у меня есть для вас задание. Пожалуйста, найдите минутку, чтобы подумать, когда вы ваша реакция шла от разочарования или когда вы негативно отзывались о других. Когда вы говорите с негативным отношением, вы проклинаете человека. Иисус очень ясно говорит об этом.

---

100 Луки 9:54-56
101 1 Коринфянам 11:16
102 Матфея 11:12

В Нагорной проповеди Он говорит тем, кто хочет следовать за Ним, как им следует жить.

> *А Я говорю вам, что всякий, гневающийся на брата своего напрасно, подлежит суду; кто же скажет брату своему: «рака», подлежит синедриону; а кто скажет: «безумный», подлежит геенне огненной.*

> *Матфея 5:22*

Греческое слово «рака» означает «пустоголовый человек». Это далеко не ругательство по нашим современным меркам. Мы легко можем найти горячее обсуждение подобных оскорблений в социальных сетях. Но здесь Иисус говорит нам, что, когда ты безосновательно гневаешься на своего брата, ты будешь обвинен в судах небесных. У кого из нас не было таких мыслей? Однако, когда вы назовете человека пустоголовым, вы подлежите суду высшего совета. Очень сильное утверждение.

Благословляйте тех, кого вы проклинали.
Дайте им лучшее, что может предложить им Бог.

Я хочу попросить вас вспомнить, когда у вас были негативные мысли, и вы говорили их вслух. Ваши слова будут использованы сатаной не только для обвинения вашего оппонента, но и против вас. Он прибегнет к этому стиху в Матфея 5:22. Попросите Святого Духа осветить Своим светом глубины вашего сердца. Покайтесь во всех словах, которые вы произнесли в гневе. Вспомните их пред Господом Богом вашим и признайте свой грех. Благословляйте тех, кого вы проклинали. Дайте им лучшее, что может предложить им Бог. Тогда у вас будет правильный образ мышления, чтобы просить Бога о правосудии.

Заключение

Давайте ходить в суды небесные, чтобы Божья праведность и правосудие исполнились на земле. Ходить туда, чтобы сформировать волю Божию на земле. Небесные суды - не место для уничтожения наших врагов. Суды предназначены для того, чтобы судить истинных врагов царства - дьявола и его демонов. Здесь их властно подвергают позору, торжествуя над ними. Пусть приговор Небесного Судьи придет на их головы!

*Так говорит Господь Саваоф: угнетены сыновья Израиля,
как и сыновья Иуды, и все, пленившие их, крепко держат
их и не хотят отпустить их. Но Искупитель их силён,
Господь Саваоф имя Его; Он разберёт дело их, чтобы
успокоить землю и привести в трепет жителей Вавилона.*

Иеремия 50:33-34

Бог дал нам великие обещания. Он отомстит за нас и уничтожит
наших врагов. Всякая сила, которая мучила нас, будет уничтожена
Его огнём. Затем, как и Иеремия, мы увидим, что Бог вступится за
наше дело.

*Посему так говорит Господь: вот, Я вступлюсь в твоё дело
и отмщу за тебя.*

Иеремия 51:36а

Нам оказана такая привилегия потому, что наш Бог, наш
Искупитель и наш Отец также является нашим Судьей. Он - за
нас, и Он желает даровать нам справедливость. Он дает нам все
безвозмездно.

*Что же сказать на это? Если Бог за нас, кто против нас?
Тот, Который Сына Своего не пощадил, но предал Его
за всех нас, как с Ним не дарует нам и всего? Кто будет
обвинять избранных Божиих? Бог оправдывает их.*

К Римлянам 8:31-33

В следующей главе я расскажу о важности пророческих даров для
понимания того, что происходит в суда небесных.

9

Способность видеть в духе

Как же мне научиться воспринимать происходящее в судах небесных? Как мне входить в эти суды? Как понять, какое решение принял Судья по моему делу? Большинству читателей, вероятно, знакомы эти вопросы. Восприятие духовного мира - непростая задача.

Уже многие годы я активно участвую в служении освобождения. Это служение очень помогло мне в развитии духовных органов чувств. Я знаю, что фактическое освобождение происходит в зале суда (позже я расскажу об этом). Мы многократно ходатайствовали в судах небесных, и в результате получили более глубокое понимание регламентов судов небесных. Опыт, полученный в течение сорока лет военной службы, также оказался мне полезен. Для того, чтобы достичь положительные результаты в судах небесных, жизненно важно уметь воспринимать то, что там происходит.

Нашего интеллекта недостаточно для постижения духовного мира. Ведь интеллект - функция нашей души. Как сказал Павел, воспринимать и понимать то, что происходит в духовном измерении, мы можем только нашим духом[103]. Духовную реальность мы сможем увидеть духовными глазами. Истину познаем не потому, что слышали о ней, а потому, что увидели ее своими глазами [104].

Важно воспринимать происходящее на небесном суде. Не каждый является пророком. Не у всех есть полномочия провидца, такого как Самуил[105]. Но все мы получили дар от Бога видеть и слышать в духовном измерении. Мы можем научиться точно описывать то, что происходит на суде небесном. Вы можете воспользоваться помощью более опытных верующих. Не расстраивайтесь, прочитав это. Эта глава написана специально для вас.

---

103 1-е Коринфянам 2:9-13
104 Иов 42:5
105 1 Царств 9:9

И на земле, как на Небе

Многие из нас не наработали навыки восприятия происходящего в духовных измерениях. Но мужайтесь, наш Небесный Отец желает, чтобы мы могли видеть Его таким, какой Он есть[106].

Воспользуемся библейскими методами, которые помогут нам понять, как функционирует небесная судебная система. Одним из таких инструментов является осознание того, что физический мир является тенью и отражением мира духовного. Мы читаем в Послании к Евреям, что физическое произошло из духовного. Мы также читаем, что скиния, которую Моисей построил на земле, была точным образом небесной скинии.

> *Которые служат образу и тени небесного, как сказано было Моисею, когда он приступал к совершению скинии: «смотри», сказано, «сделай всё по образу, показанному тебе на горе».*
>
> *Евреям 8:5*

> *Верою познаём, что веки устроены словом Божиим, так что из невидимого произошло видимое.*
>
> *Евреям 11:3*

Важно понимать, что духовное измерение является источником, из которого произошел мир материальный. Все, что мы видим, ощущаем на вкус, обоняем и ощущаем нашими физическими органами чувствами, является тенью, копией духовного измерения. Если небеса видят, что на земле появились небесные регламенты и шаблоны, тогда небеса проявляют себя. Получается, что небеса ждут единения земли и небес; тогда небеса откроются на земле. Как сказал Павел, мы также можем и обратить этот процесс вспять.

> *Есть тело душевное, есть тело и духовное.*
>
> *1-е Коринфянам 15:44*

Для каждого физического тела есть духовный эквивалент. Но суть в том, что нет реальной гармонии, нет связи между материальным и духовным телом. Исследуя материальные структуры и процессы на земле, мы можем вместе с Духом Божьим представить себе небесное измерение,

106 1-е Иоанна 3:2

потому что земное является копией духовного.

То, что мы воспринимаем на земле, является тенью небесной реальности. В тот момент, когда материальное тело освобождается от угнетения лукавого, оно становится видимым в духовном измерении. Мы видим, как это произошло на горе преображения. На мгновение тело Иисуса преобразилось пред ними: и просияло лицо Его, как солнце, одежды же Его сделались белыми, как свет[107].

Увидеть голос Божий

Да, вы правильно прочитали. Увидеть голос Божий. В последние годы было опубликовано много книг о том, как услышать голос Бога. Иисус обещал нам, что мы можем знать голос Бога[108]. Каждое дитя Божье способно распознать Его голос, и многие из нас могут свидетельствовать об этом.

Но Иоанн дает нам важную подсказку в книге Откровение как следствие того, что с ним там происходило. Когда мы находимся на земле, мы можем слышать голос Бога, но, когда мы находимся на небесах, мы можем видеть голос Бога. Иоанн был вознесен Духом в день Господень.

> *Я был в духе в день воскресный и слышал позади себя громкий голос, как бы трубный, который говорил: Я есмь Альфа и Омега, Первый и Последний; то, что видишь, напиши в книгу и пошли церквам, находящимся в Асии: в Ефес, и в Смирну, и в Пергам, и в Фиатиру, и в Сардис, и в Филадельфию, и в Лаодикию. Я обратился, чтобы увидеть, чей голос, говоривший со мною; и, обратившись, увидел семь золотых светильников и, посреди семи светильников, подобного Сыну Человеческому, облечённого в подир и по персям опоясанного золотым поясом.*

> *Откровение 1:10-13*

Здесь говорится, что Иоанн обернулся, чтобы увидеть голос, говоривший с ним. Он видел, что происходит в небесном измерении, потому что он был в Духе. Книга Откровение — это зафиксированный письменно протокол

---

107 Матфея 17:2
108 Иоанна 10:4

произошедшего во время его визита на небеса. Иоанн действительно присутствовал на небесах. Приглашение, которое получил Иоанн, также доступно для нас. Дверь открыта.

> *После сего я взглянул, и вот, дверь отверста на небе, и прежний голос, который я слышал как бы звук трубы, говоривший со мною, сказал: взойди сюда, и покажу тебе, чему надлежит быть после сего.*

> *Откровение 4:1*

Для большинства из нас это настоящий вызов - испытать то же самое, что и Иоанн. Главные преграды находятся в наших эмоциях и в нашем уме. Нам легче молиться за другого человека и получать для него ободряющие слова или ощущения. Иногда кто-то нас может удивительно воодушевить, прямо в тот момент, когда нам это очень нужно. Но когда мы ищем Бога по вопросам личной жизни, такое ощущения, что наши глаза и уши закрыты.

Вход в небесные миры — это шаг веры нашим духом.

Возможная причина - мы пытаемся войти в духовные измерения из нашей души, а не из нашего духа. Вход в небесные миры — это шаг веры нашим духом. Иоанн описывает вход именно так - как действие нашего духа.

Очень важно развивать в себе желание видеть и слышать голос Божий. Если Сам Бог приглашает нас войти – очень важно ответить Ему. Некоторые убеждены, что Бог больше не говорит, или что Он говорит только с некоторыми, некоей избранной и элитарной группой.

Это абсолютная ложь. Важно, чтобы мы научились активировать наши духовные органы чувств, чтобы мы могли видеть и понимать голоса, которые говорят с нами с небес. Наши духовные глаза открываются молитвой, как это произошло в жизни слуги Елисея.

Елисей в Дофаиме

Нееман - верховный военачальник армии царя Сирии, был прокаженным. Он приехал в Израиль, чтобы исцелиться. Когда Нееман пришел к царю Израильскому, царь впал в панику. «За кого он меня принимает? Я не Бог. Нееман ищет причину, чтобы объявить нам войну?»

Услышав это, Елисей посылает весть царю Израильскому: «Пошли ко мне Неемана. Он узнает, что есть пророк в Израиле».

Мы все знаем, чем эта история закончилась. Нееман был исцелен от проказы, он вернулся ко двору царя Сирийского. Несколько лет спустя царь Сирии начинает войну против царя Израиля.

Но царь Израильский всякий раз наносит ему тактическое поражение, и царь Сирийский приходит в ярость. Он убежден, что в его царстве завелись шпионы, которые сообщают Царю Израиля о его планах. С этого момента Нееман, должно быть, стал опасаться за свою жизнь. Ведь он исцелился в Израиле от проказы. Возможно, сирийцы заподозрят, что Нееман заключил союз с царем Израиля в обмен на исцеление.

К счастью, нашелся слуга, который рассказал царю Сирии, что происходит на самом деле. «Это Елисей», - сказал он. «Он пересказывает царю Израильскому все слова, которые ты говоришь в своей спальне». Вот это - настоящее восприятие информации из духовного мира!

Царь Сирии переключил свой гнев на Елисея, он отправляет всю свою армию взять того в плен и привести в Сирию.

Каждое дитя Божье способно распознавать Его голос.

Ночью огромная сирийская армия окружает город колесницами. Утром слуга Елисея видит их и приходит в ужас. Елисей успокаивает его и молится, чтобы Бог открыл ему глаза.

Результат был ошеломительный! Слуга своими глазами видит воинства небесные, которые окружают Елисея - кони, колесницы и огонь. Эта армия была сильнее, она численно превосходила сирийскую армию. Елисей снова молится и просит Господа ослепить сирийцев. И происходит чудо, сирийцы смотрят глазами, но ничего не видят.

И сказал он: не бойся, потому что тех, которые с нами, больше, нежели тех, которые с ними. И молился Елисей, и говорил: Господи! открой ему глаза, чтоб он увидел. И открыл Господь глаза слуге, и он увидел, и вот, вся гора наполнена конями и колесницами огненными кругом Елисея.

4 Царств 6:16-17

В этой истории мы видим, что молитва открывает и закрывает глаза. В Библии часто говорится о том, что кто-либо поднимает глаза к небесам, чтобы увидеть то, что невозможно увидеть естественным глазом. Так что имейте в виду, что у нас есть духовные глаза и физические глаза. Подобно тому, как Авраам, Иезекииль, Даниил и многие другие видели небесные миры, мы также можем воспринимать небесные суды своими духовными глазами. Теперь вы наверняка задаетесь вопросом: как мне это сделать? Я отвечу вам примером.

Читая Библию, представьте себе мысленно изображение того, о чем вы читаете. Например, Писание говорит нам, что нас окружает огромное облако свидетелей. Попробуйте представить, что вы стоите в небесном зале суда с тысячами людей, подбадривающих вас. Чтобы испытать это буквально, попробуйте сходить на футбольный матч на стадионе. Закройте глаза, когда ваша команда забьет гол. Прислушайтесь к ликованию публики и представьте себя в судах небесных. То, что вы испытываете в этот момент на стадионе, также происходит на небесах. Все окружающие поддерживают вас.

Ключ в этом - найти Иисуса или, как сказано в Послании к Евреям, не отрывать своих глаз от Иисуса.

> *Посему и мы, имея вокруг себя такое облако свидетелей, свергнем с себя всякое бремя и запинающий нас грех и с терпением будем проходить предлежащее нам поприще, взирая на начальника и совершителя веры Иисуса, Который, вместо предлежавшей Ему радости, претерпел крест, пренебрегши посрамление, и воссел одесную престола Божия.*

Евреям 12:1-2

Давайте протянем руки за этим духовным даром, чтобы мы могли правильно воспринимать то, что Судья говорит нам и делает для нас. Постоянно сосредотачивайтесь на Иисусе, а не на своем враге, который совершенно не имеет значения для вас.

Открытие глаз и ушей

Иисус сказал Своим ученикам, что глаза и уши народа закрыты. Люди были просто не способны понять весть о Его царстве. С другой стороны, Его ученики были чрезвычайно благословенны, были избраны, чтобы принять тайны царства из рук Отца.

Он сказал им в ответ: для того, что вам дано знать тайны Царствия Небесного, а им не дано, потому говорю им притчами, что они видя не видят, и слыша не слышат, и не разумеют; и сбывается над ними пророчество Исаии, которое говорит:

«слухом услышите — и не уразумеете, и глазами смотреть будете — и не увидите, ибо огрубело сердце людей сих, и ушами с трудом слышат, и глаза свои сомкнули, да не увидят глазами, и не услышат ушами, и не уразумеют сердцем, и да не обратятся, чтобы Я исцелил их».

Ваши же блаженны очи, что видят, и уши ваши, что слышат, ибо истинно говорю вам, что многие пророки и праведники желали видеть, что вы видите, и не видели, и слышать, что вы слышите, и не слышали.

Матфея 13:11,13-17

В этом отрывке Иисус дает нам подсказку, как открыть глаза и уши. Почему люди не могли слышать и видеть? Они сами сомкнули свои глаза. Их сердца огрубели, они стали духовно ленивыми. Они не интересуются исследованием самих Писаний; они полагаются на исследования других людей. Их жизнь с Богом можно сравнить с фастфуд-кафе, куда можно заехать прямо на машине. Они не хотели оплатить цену, чтобы принять тайны царства.

Слух и зрение в духовном измерении не являются дарами, предназначенными для немногих счастливчиков. Они доступны для каждого истинного ученика Иисуса, но не для тех, кто решил оставаться с толпой. Понимание слов Иисуса и восприятие духовного мира напрямую связано с вашей личной преданностью Ему. Каждый человек призван быть учеником Иисуса, но не каждый готов заплатить за это. Те, кто это сделал, стали истинными избранниками Господа. Они посвящены в тайны Царства Небесного.

Ученики оставили свои дома и семьи. Они отказались от своего материального наследия. Они оставили жен и детей, чтобы следовать за Ним, не зная, чем это закончится. Слишком многие верующие хотят, чтобы их благословения были принесены им на блюдечке. Они хотят, чтобы их обслуживали в ресторане, где все бесплатно.

Но всегда есть цена, которую придется платить, следуя за Иисусом. Иисус сказал слушающим Его изменить свой образ мыслей, чтобы снова смогли слышать и видеть. Став Его учениками, нам также нужно будет заплатить цену. Быть зрелым чадом Божьим значит взять на себя определенную ответственность.

> и кто не несёт креста своего и идёт за Мною, не может быть Моим учеником. Так всякий из вас, кто не отрешится от всего, что имеет, не может быть Моим учеником.

> Луки 14:27,33

Блаженны чистые сердцем, ибо они Бога узрят.

Именно об этом Иисус говорит Своим ученикам в Нагорной проповеди[109]. В наше время трудно жить чистой и святой жизнью. Но обещание, данное Иисусом, очень обнадеживает нас. Когда наше сердце станет чистым, тогда мы увидим нашего Бога! Такова наша задача - очищение сердца - местонахождения нашей мыслительной жизни. Сердце находится под огромным давлением.

Слух и зрение в духовном мире не являются дарами, предназначенными для немногих счастливчиков.

Кто не боролся с порнографией и ее последствиями в своей жизни? Не думайте, что борьба с половым влечением - исключительная прерогатива мужчин. Женщины также могут использовать свое воображение неправильно, чтобы удовлетворять себя в душевном плане. А в результате наши сердца получают такие раны, что мы теряем из виду небесные реалии.

Не только секс делает наши сердца нечистыми, но и слушание тех, кто плохо говорит о других людях.

> Слова наушника — как лакомства, и они входят во внутренность чрева.

> Притчи 18:8

Книга Притчей — это отличное руководство по ведению чистой и святой жизни. Многократно там говорится о наших физических чувствах. У себя в Библии я отметил каждый стих, в котором говорится о наших глазах, устах, ушах, руках, или ногах. Для меня стало большим сюрпризом,

---

109 Матфея 5:8

когда я обнаружил, как много сказано о нашем теле в книге Притчей. Видение и слух в духовном мире — это процесс. Он частично протекает в нашем сердце и частично - в мозге.

Поэтому крайне важно очистить наше сердце и ум от всех плохих образов и слов кровью Иисуса. Имейте в виду, что такой процесс невыполним за один день.

Один из способов очищения тела и души - каждый день читать вслух одну главу из Притч и размышлять над ней. В этой необыкновенной книге 31 глава, и мы можем изучать по одной главе в день. Постоянно просите Святого Духа помочь вам в очищении вашего сердца и ума. Со временем вы испытаете способность воспринимать все больше и больше информации из духовного мира.

Как научиться видеть в духовном измерении

Молясь за Ефесян, Павел просил, чтобы очи их сердца были просвещены (англ. - открыты – прим. пер.). Речь шла об их духовных глазах. Он хотел, чтобы они своими глазами увидели величие Божьего замысла для своей жизни. Для Бога крайне важно, чтобы мы научились видеть; чтобы глаза наших сердец и наших умов могли открыться.

> *чтобы Бог Господа нашего Иисуса Христа, Отец славы, дал вам Духа премудрости и откровения к познанию Его, и просветил очи сердца вашего, дабы вы познали, в чём состоит надежда призвания Его, и какое богатство славного наследия Его для святых, и как безмерно величие могущества Его в нас, верующих по действию державной силы Его...*

> *Ефесянам 1:17-19*

Духовный мир становится очень реальным в тот самый момент, когда мы входим в него верой. Мы становимся способны воспринимать происходящее там. Но если наши глаза закрыты, наше восприятие тоже заблокировано.

Вот почему Павел молится этой молитвой. До тех пор, пока мы не увидим нашу местонахождение во Христе, у враг будет преимущество. Пока мы выбираем плоть источником жизни, наши глаза остаются закрытыми. Именно по этой причине так важно быть ведомым Духом[110] и по этой причине мы должны активировать наши духовные органы чувств. Давайте размышлять над этим стихом в Послании к Ефесянам до тех пор, пока мы действительно не поймем и не постигнем его смысл.

Но и это не все. Настоящая цель противника - удерживать нас слепыми как можно дольше. Павел говорит, что бог этого века ослепил глаза людей. Их физические глаза открыты, но они не могут увидеть славу и величие Иисуса Христа[111]. Как только наши глаза откроются, мы сможем увидеть богатство и славу, которые Бог приготовил для нас. Тогда мы сможем слышать и видеть, что Бог говорит нам. А обратившись со своим делом в небесные суды, мы сможем воспринимать и понимать то, что там происходит.

Заключение

Бог желает, чтобы мы все видели Его таким, какой Он есть. Никто иной как враг ослепил наши духовные глаза. Инициатива по развитию дара видеть духовными глазами – в наших руках (как и в случае любого другого духовного дара). Именно мы должны начать действовать. Именно мы должны добиваться успеха в небесных судах. Иисус обещал нам, что мы увидим Бога, если наши сердца и умы будут чисты. Посвятите себя очищению своего сердца.

Но это долгий процесс и быстро его не выполнить. Развивайте дисциплинированный образ жизни. Я призываю вас читать книги, которые позволяют вам развивать свое духовное зрение[112], чтобы вы могли воспринимать духовный мир. Постепенно вы увидите, как откроются ваши духовные глаза, и вы будете воспринимать все больше и больше этого прекрасного измерения.

> *Терпение нужно вам, чтобы, исполнив волю Божию, получить обещанное.*

Евреям 10:36

Я обсужу регламент и кодекс поведения в небесных судах в следующей главе.

---

110 Римлянам 8:1-2

111 2 Коринфянам 4:4

112 «Провидец», Джеймс Голл, Destiny Image, 2004

«Школа провидцев», Джонатан Уэлтон, Destiny Image, 2009

10

Регламенты судебных заседаний

Когда вы представляете свое дело в земном зале суда, вы обязаны следовать надлежащему регламенту. Существуют особые регламенты и кодекс поведения, которые должен соблюдать каждый. Все эти правила и процедуры собраны и зафиксированы в соответствующих документах. Судья может распорядиться удалить вас из зала суда, если вы не соблюдаете эти правила. Все должны исполнять их независимо от роли, будь вы подозреваемый, прокурор, посетитель или даже судья. Во время судебного заседания внимательно отслеживается упорядоченное течение событий.

Большинство из нас видели телешоу о заседаниях суда, в которых эмоции так и брызжут. Хороший приме - фильм «Несколько хороших парней» с Томом Крузом и Джеком Николсоном в главных ролях. Сюжет простой, но захватывающий. Молодой морской пехотинец был найден мертвым в своей постели на следующее утро после того, как его товарищи пехотинцы применили к нему карательную меру под названием «Красный код». Командир базы попытался скрыть это происшествие. Морпехи, которые выполняли «красный код», были под следствием, за которым должен последовать суд. Но этот план оказался под угрозой, когда ведущий адвокат (лейтенант Дэниел Каффи), печально известный специалист по сделкам со следствием, решил взяться за это дело.

Дэниел Каффи проводил перекрестный допрос командир базы, полковника Натана Джессапа. В процессе допроса полковник разозлился на Судью, потому что Дэниел не проявил к командиру должное уважение. Судья приказал Даниелу обращаться к командиру по званию: полковник. Полковник был так расстроен, что прорычал судье: «Я не знаю, что за бардак у вас в вашем ведении тут».

Судья резко ответил ему: «И свидетель обязан обращаться к суду как «Судья» или «Ваша честь». Я вполне уверен, я что заслужил это. Займите свое место, полковник.

Это лишь один пример, как работает судебный регламент. Всегда следует проявлять должное уважение к каждой стороне, присутствующей на судебном заседании. Судья стоит выше обеих сторон и выполняет функции председателя. Делопроизводитель всегда молчит, но регистрирует все, что происходит. Адвокаты могут обращаться к судье или присяжным, но только после того, как судья разрешил им это сделать.

То же самое происходит при рассмотрении уголовного дела, где прокурор представляет государство. Все присутствующие должны иметь юридическое образование, должны пройти экзаменационную проверку прежде, чем занять свои должности. Каждый обладает лицензией, все приведены к присяге для выполнения своей роли в судебном разбирательстве. В некоторых странах участники судебного носят специальные черные одежды, что свидетельствует о том, что у них есть формальная квалификация и привилегии. Эти роли и привилегии должны уважаться всеми присутствующими в зале суда.

Освобождение в условиях зала суда

Свой первый опыт служения освобождения я получил в традиционной пятидесятнической церкви. Там использовался стандартный подход, практиковавшийся во всех пятидесятнических кругах в то время. Было много криков, не только со стороны христиан, но даже больше со стороны демонов. Человек, за которого мы молились, катался по земле, его рвало, он буквально кричал, как одержимый. Возможно, вы видели такие молитвы на YouTube.

Но когда в конце 90-х нас познакомили с новыми представлениями о служении освобождения, многое изменилось. Одно из самых примечательных изменений выразилось в уважении, которое мы стали проявлять во время сессий. Исчезли крики и рвота; перестали кричать и демоны, и люди. Что лично мне очень понравилось, насколько Отец любит и уважает Своих детей. Клиент теперь удобно сидит на своем стуле, и демоны больше не могут унизить его. Но уважение было не только к освобождаемому. К демонам также проявлялось подобие уважения, потому что они теперь вызваны в суд небесный.

Когда мы только начинали работать по-новому, многие верующие были против такого рода служения. Они сочли это возмутительным, говорили: «Вы не должны проявлять никакого уважения к дьяволу. Его можно только унижать и уничтожать».

Но они не понимали разницы между проявлением уважения в зале суда и воздаянием почестей кому-либо. Мы не чтим демонов во время судебного заседания, но мы чтим регламент работы суда, потому что мы находимся в зале суда вечного Судьи. Вот в чем разница. Противники Святых Божьих предстают перед судом за все те зверства, которые они совершили в жизни Божьего чада.

Мы не кричим в зале суда - ни на земле, ни на небесах. Демоны не глухие, у них очень хороший слух. Мы не проклинаем их, но спрашиваем с них за все, что они сделали. Мы просим Бога, вечного Судью, вынести приговор, соответствующий совершенным ими зверствам. Так мы судим их, как судил Иезекииль Оголу и Оголиву.

> И сказал мне Господь: сын человеческий! хочешь ли
> судить Оголу и Оголиву? выскажи им мерзости их; ибо они
> прелюбодействовали, и кровь на руках их.

> Иезекииль 23:36,37

Таков наша задача в судах небесных. Мы судим врагов нашего Бога, обнародуя все, что они совершили втайне. Поскольку мы представляем доказательства в небесных судах о том, что сделали эти демоны, Бог-судья может вынести им приговор. Враг не хочет, чтобы были убраны завесы, которые скрывают его дела от глаз общественности, потому что тогда каждый сможет увидеть, кто он на самом деле[113].

Уважение к должности

Мы все видели передачи по телевизору, где секретарь суда просит всех встать, когда судья входит в зал суда: «Встать, суд идет!» Это стандартный регламент, но он может варьироваться в разных странах. В Нидерландах секретарь объявляет: «Суд!»

Несколько лет назад в Нидерландах был случай, когда адвокат отказался встать, когда судья вошел в зал суда[114]. Адвокат был привлечен к ответственности (в конечном итоге его лицензия на юридическую практику была отозвана) из-за его несоблюдения регламента суда.

Причина, по которой этот адвокат не хотел подниматься перед судьей, довольно серьезна. Он придерживался личного мнения, что, по его убеждениям, все люди равны. По его мнению, судья не был исключением из этого правила. Что этот адвокат, вероятно, не понимал, так это то, что мы встаем не перед судьей лично, а из уважения к его должности. Мы встаем, уважая должность, власть и полномочия, которыми наделен человек на посту судьи. Вставая, мы проявляем уважение к должности

---

113 Исаия 14:16
114 https://nl.wikipedia.org/wiki/Mohammed_Enait

судьи и институту суда.

Когда мы едем на машине и полицейский останавливает нас, мы подчинимся, верно? Даже если полицейскому всего 23 года, мы ему подчиняемся. Почему? Потому что он представляет власть государства или правительства. По этой же причине мы встаем, когда играет национальный гимн. Это - знак уважения к государственному гимну и тому, что он представляет, независимо от людей, которые в настоящее время находятся у власти.

Регламенты судов небесных не очень-то отличаются от земных. Невозможно просто войти в суд и просто начать выступать по своему делу. Сначала вам должны быть предоставлены соответствующие полномочия для этого. К счастью, мы получили это право входить в выездной суд в любое время, когда захотим. Но это не значит, что нет регламента, которому мы обязаны следовать.

Тот факт, что враг нанес огромный урон нашей жизни, является очень весомым для нашего Судьи.

Прежде чем мы начнем выступать по нашему делу в суде, мы сначала показываем уважение к судье и присутствующим. Мы делаем это, почитая Его и прося Его открыть судебное заседание. Если суд не приступил к заседанию, то приговор не может быть вынесен. В момент открытия сессии открываются и книги.

Судьи сели, и раскрылись книги.

Даниил 7:10

Открытие этих книг имеет важное значение. Невозможно читать или писать в книге, когда она закрыта. Звучит просто, так оно и есть. Также крайне важно, чтобы все, что происходит во время судебного заседания, фиксировалось. Все, что зафиксировано, может быть приведено в качестве доказательства во время судебных прений. На каждом официальном судебном заседании присутствует секретарь (также называемый *scriba* - писец на латыни), который протоколирует все, что происходит.

Уважение к суду

Нам важно признавать полномочия небесного суда, и мы должны сказать об этом вслух. Если мы не показали уважение суду, мы не сможем представить там свое дело.

Затем мы рассказываем Судье, почему мы предстаем перед Ним. Мы появляемся в суде не для того, чтобы доказать свою правоту. Мы являемся в суд, чтобы бороться за правосудие и бороться с несправедливостью, с тем, что пытается помешать нам реализовать миссию, данную нам Богом. Мы ходатайствуем не о том, чтобы возвысить себя, но мы ходатайствуем о чести Царя Царей. Мы являемся в суд, чтобы почтить Его, а не поспорить. Мы пришли остановить все, что мешает судьбе исполниться.

> *А если бы кто захотел спорить, то мы не имеем такого обычая, ни церкви Божии.*
>
> *1 Коринфянам 11:16*

Мы проявляем уважение ко всем присутствующим на заседании суда. Там происходит гораздо больше, чем мы осознаем. Например, перед престолом находится более 100 миллионов существ: свидетели, духи праведников на небесах и ангелы. Враг тоже присутствует, иногда со своим окружением. Но все они проявляют уважение, потому что мы находимся в суде.

Судья не принимает решения на основании своих эмоций. Он выносит приговор, основываясь на уликах, фактах и всех показаниях, которые даются на заседании суда.

Тот факт, что враг нанес огромный урон нашей жизни, является очень веским для нашего Судьи. Когда я заявляю, что судебное заседание не эмоционально, это не означает, что эмоции не учитываются. Печаль, боль и сильная травма, безусловно, учитываются при вынесении приговора Судьей. Но Его решение не основано ни на Его эмоциях, ни на наших. Приговор основан на Его праведности и правосудии. Мы не получаем преференции. Любой, кто признан виновным по предъявленному обвинению, будет осужден и получит наказание.

> *Господь есть Бог ревнитель и мститель; мститель Господь и страшен в гневе: мстит Господь врагам Своим и не пощадит противников Своих.*

Господь долготерпелив и велик могуществом, и не оставляет без наказания;

Наум 1:2-3

Обращаемся к Судье

Выступая с иском, мы обращаемся к судье, а не к противнику. Мой друг однажды выступал в качестве важного свидетеля на суде в ближневосточной стране. Его попросили дать экспертное заключение о реализации строительного проекта. На суде присутствовало несколько сторон. Истец заявил, что построенное здание не соответствовало договору. Был и ответчик, который утверждал, что все хорошо.

Мой друг сидел справа перед судьей. Слева и справа от него были адвокаты обеих сторон. Когда один из адвокатов истца задал ему вопрос, мой друг повернулся к нему направо, чтобы ответить. Но тут же вмешался судья, сказав моему другу дать ответ суду напрямую.

Мы видим схожие черты в национальном парламенте Нидерландов. Каждый выступающий обращается к председателю. Они говорят о правительстве и о других членах парламента, но не обращаются к ним лично.

Мы видим это и в судах небесных. Мы не ведем словесную перепалку с нашим противником. Мы обращаемся к Небесному Судье и представляем Ему наше дело. Мы отдаем принятие решения по нашему делу в Его руки. Мы также просим компенсацию за то, что было сделано с нами или с теми, от чьего имени мы пришли на суд. Конечно, мы можем выражать эмоции, но мы делаем это перед нашим Отцом, Судьей всей земли. Он вынесет справедливый приговор.

Сатана хотел бы, чтобы нам отказали в рассмотрении дела

Когда мы предстаем перед Судьей в судах небесных, сатана пытается сделать все, чтобы заставить нас замолчать в суде. Он знает, что, когда Судья примет решение в нашу пользу, власть сатаны на земле будет сокрушена. Поэтому он пытается убедить судью отказать нам в рассмотрении нашего иска. То же самое ему практически удалось сделать с великим иереем (англ. первосвященником - прим.пер.) Иисусом. Он стоял перед ангелом Господним, и сатана стал рядом с ним, чтобы противодействовать ему.

> *И показал он мне Иисуса, великого иерея, стоящего перед Ангелом Господним, и сатану, стоящего по правую руку его, чтобы противодействовать ему. И сказал Господь сатане: Господь да запретит тебе, сатана, да запретит тебе Господь, избравший Иерусалим! не головня ли он, исторгнутая из огня? Иисус же одет был в запятнанные одежды и стоял перед Ангелом.*
>
> *Захария 3:1-3*

Иисус вошел в небеса, чтобы встать в проломе за свой народ. Когда Захария смотрел это видение, он, вероятно, увидел Иисуса, входящего в Святое Святых в день Йом Кипур, День Искупления. Первосвященник принес в жертву кровь агнца, чтобы искупить грехи народа.

Но сатана хотел, чтобы его жертва не была принята на небесах. Сатана начал обвинять того, кто принес жертву - Иисуса. Он хотел, чтобы жертве Иисуса было отказано в рассмотрении. Он делал это, указывая на запятнанные одежды первосвященника Иисуса. В Писании наши одежды символически означают наши праведные дела[115]. Когда они грязные, у человека есть неправедность в жизни.

Когда мы находимся в судах небесных, именно Судья запрещает сатане, а не мы.

Но ангел Господень парирует обвинения и запрещает сатане. Он сам встает в проломе за Иерусалим. Он говорит ему: «Да запретит тебе Господь, сатана!» Он оставляет функцию вынесения приговор сатане в руках Самого Бога.

Здесь есть важный урок. Когда мы находимся в судах небесных, именно Судья запрещает сатане, а не мы. Даже ангел Господень или архангел не делает этого.

Вы обращаетесь к Небесному Судии и все запреты оставляете за Ним; Он разберется с обвинениями, которые сатана предъявляет в суде. Мы не должны становиться иррациональными, глупыми клеветниками, которые от бессилия и разочарования говорят всевозможные глупости

115 Откровение 19:8

сатане и его силам. Давайте учиться у архангела Михаила, который самостоятельно не запрещал сатане.

> *Михаил Архангел, когда говорил с диаволом, споря о Моисеевом теле, не смел произнести укоризненного суда, но сказал: «да запретит тебе Господь». А сии злословят то, чего не знают; что же по природе, как бессловесные животные, знают, тем растлевают себя.*

Иуды 1:9-10

Неправедность Иисуса была удалена – ему дали новые одежды. Вы заметили, что во время всего этого Иисус не сказал ни слова? Когда мы находимся в небесных судах, голоса других будут говорить от нашего имени. Даже пророк Захария отдает здесь приказ.

Не обязательно постоянно что-то говорить. Когда сатана обвиняет вас, Бог дает нам новую одежду, если мы будем ходить в смирении и кротости, смиренно являясь перед Ним. Иисус явился на небесный суд не от своего имени. Он вошел туда, чтобы искупить грехи народа, чтобы Израиль мог исполнить свою судьбу на земле.

Праведность и справедливость

Сила и власть Царства Небесного основаны на праведном уважении и применении его законов и постановлений. Библия говорит нам, что основанием престола Божьего является правосудие и правота[116]. Если бы Бог отдавал нам предпочтение в Своем суде, Он нарушил бы Свои собственные законы. Немедленно обвинитель обвинил бы Бога в пристрастности. Такое никогда не случится. Бог дал нам строгие указания о том, как применять судебные законы в Израиле.

> *Не внимай пустому слуху, не давай руки твоей нечестивому, чтоб быть свидетелем неправды. Не следуй за большинством на зло и не решай тяжбы, отступая по большинству от правды; и бедному не потворствуй в тяжбе его. Если найдёшь вола врага твоего или осла его заблудившегося, приведи его к нему;*

---

116 Псалом 88:15; Псалом 96:2

если увидишь осла врага твоего упавшим под ношею своею, то не оставляй его; развьючь вместе с ним. Не суди превратно тяжбы бедного твоего. Удаляйся от неправды и не умерщвляй невинного и правого, ибо Я не оправдаю беззаконника. Даров не принимай, ибо дары слепыми делают зрячих и превращают дело правых.

Исход 23:1-8

В этом отрывке мы приходим к пониманию: люди лишаются способности видеть должным образом, если они принимают взятку и извращенные слова. Если, несмотря на все ваши усилия, вам все еще трудно начать видеть в духовном мире, спросите Святого Духа, возможно, именно по этим причинам вы еще не можете видеть. Возможно, кто-то из ваших предков дал ложные показания или брал взятку, чтобы осудить невиновного человека. Враг использует законы и постановления Бога, чтобы мешать нам. Сатана постоянно обвиняет нас, пытаясь удерживать нас в слепоте как можно дольше, и он использует для этого Божьи заповеди.

Заключение

Бог-Судья установил правила поведения в судах. Эти правила применимы не только в земном суде, но и в небесных судах. Когда мы обращаемся в Его суды по нашим личным делам, мы не будем наказаны за ошибку. Перед Своим престолом Он милостив к нам. Не только за то, что мы сделали на земле, но и тогда, когда мы не понимаем, как действует регламент.

Наш Отец очень рад, когда мы приходим к Нему, чтобы нести справедливость на землю. Делая это, мы позволяем Ему произнести слова правосудия в нашу жизнь и благословить нас, чтобы Он мог дать нам то, что Он желает для нас. Имейте в виду, что наш Бог — это не Бог неустройства, но мира[117].

На этом мы закончим разбор библейского основания для работы в судах небесных. Во второй части этой книги я расскажу о практическом применении этих знаний. Я помогу вам выполнить пошагово эти процессы, чтобы вы смогли представить свой иск Судье всей земли.

117 1 Коринфянам 14:33

Практическое применение

11

Хорошее начало - ...

К счастью, мы все отличаемся друг от друга. У каждого свои привычки и особенности. В этом и есть прелесть быть человеком. Некоторые прочитают часть 1 этой книги, а потом перейдут к части 2. Другие же пролистают всю эту теорию и перейдут прямо к части 2 «Практическое применение». Такие обычно первым делом открывают упаковку и сразу же начинают пользоваться новым инструментом, тогда как другие сначала читают руководство пользователя. (Для чего-то эту книжку положили сюда, верно?) В большинстве случаев это просто отлично. Можно пропустить чтение толстой книжки, которая пришла в комплекте с вашим новым телевизором. Вряд ли что-то пойдет не так, разве, вы можете упустить какие-то интересные функции. Скорее всего, рано или поздно вы обнаружите их, даже если это произойдет через пару лет.

Но в данном случае я хочу призвать вас все-таки прочитать первую часть этой книги, прежде чем вы начнете входить в суды небесные. Ваш разум выйдет на новый уровень понимания, и вы будете хорошо подготовлены. Небесные суды реальны! Вынесенный приговор обязателен к исполнению для всех сторон. Важно иметь некоторое представление о небесных судах, чтобы мы понимали регламент и знали, каков наш мандат.

Нашего врага не впечатляет наша репутация на земле. Вспомните сыновей Скевы и о том, что с ними случилось[118]. Они были скитающимися иудейскими заклинателями. Они решили, что смогут использовать имя Иисуса в качестве нового инструмента из набора средств против некоторых злых духов. Но они были избиты без пощады.

Мы можем извлечь из этого некоторые ценные уроки. Если вы думаете, что сможете победить своего врага в судах небесных просто потому, что вы узнали о существовании судов, вы глубоко ошибаетесь. В духовном мире вы видны насквозь. Вы не спрячетесь за своей репутацией. Каждая ваша мысль, каждый ваш поступок и каждое сказанное слово полностью отображаются и открываются на обозрение. Противник наш - рыкающий лев, ищущий, кого поглотить. Поэтому, прочитав первую

---

118 Деяния 19:13-20

часть этой книги, вы получите хорошую подготовку, чтобы можно было сказать, как Павел: «Нам не безызвестны его умыслы»[119].

Чудный Советник

Многие из нас никогда не были лично в зале суда. Всю информацию о суде мы почерпнули от других или видели по телевизору. В зал суда мы являемся, если это наша профессиональная обязанность или нас вызвали в суд.

Но всем нам понятна важность качественной подготовки. Обычно все начинается с разговора с вашим адвокатом. Вы обсуждаете, что будет происходить в процессе судебного разбирательства, от начала и до его окончания. К счастью, у нас тоже есть замечательный Советник, который поможет нам в подготовке нашего небесного судебного дела[120]. Дух Совета также будет стоять на нашей стороне и помогать нам в подготовке нашего дела. Не стесняйтесь молитвенно просить Его о помощи.

Нашего врага не впечатлит наша репутация на земле.

Подготовка дела заключается в продумывании позиции, которую вы займете, и в учете реакции вашего оппонента. Вы пытаетесь предугадать его реакцию. Вы находите основу вашим ходатайствам строго в обетованиях Божьих в Библии. Учитываете все важные факты. Ваши свидетели могут подтвердить ваше заявление своими показаниями. Вы даже рассматриваете аргументы, которые ваш оппонент может привести в деле, и готовитесь ответить на его аргументы и доказать, что он не прав. Вы ведь не хотите оказаться бессловесным, не так ли?

Если вы не подготовили свое дело, это может привести к проигрышу в суде, даже если впоследствии сможете доказать, что вы все равно были правы. Небесный Судья не может вынести Свой приговор, основываясь на Своей любви и чувствах к вам. Он выносит решение на основании фактов, доказательств и заявлений, которые представлены в ходе судебного разбирательства. После вынесения приговора, новые доказательства больше не смогут легко изменить его.

---

119 2-е Коринфянам 2:11
120 Исаия 9:6

Роу против Уэйда

Позвольте мне привести пример. Большинство из вас, вероятно, слышали о деле Роу против Уэйда. Это было историческое решение Верховного суда США в 1973 году. Суд вынес решение по законам об абортах – эти законы исполнялись во многих штатах в то время. Суд постановил, что большинство законов, запрещающих или ограничивающих аборты, являются неконституционными. Суд постановил, что право на аборт входит в конституционное право на неприкосновенность частной жизни. Законы об абортах были отменены в каждом штате США. Даже сегодня это решение является одним из самых спорных решений в истории Верховного суда Соединенных Штатов[121].

Каковы были последствия этого решения? На момент написания этой книги только в Соединенных Штатах было убито 60 942 033 ребенка, убито внутриутробно[122]. То есть шестьдесят миллионов девятьсот сорок две тысячи тридцать три свитка не исполнятся! Попробуйте представить такое число жертв живыми людьми, по количеству это сравнимо со многими народами земли! Я убежден, что враг Бога, сатана, выиграл это судебное дело, потому что мы, христиане, не встали в проломе за нацию. Приговор был вынесен в пользу врага Божьего. Назад это не вернуть. Можете ли вы себе представить, что пережило сердце нашего Отца, когда Он как Судья должен был вынести этот приговор? Он ничего не мог сделать, кроме как удовлетворить требования сатаны.

В Библии иногда говорится, что Господь погубил кого-то. Бог не желает губить, но Он связан регламентом Своего собственного Суда и законами Своего Царства. Он не может это изменить, когда заседает в качестве Судьи в небесных судах. Он не может изменить Свой приговор, даже если результат причинит Ему боль. Вот почему Господь огорчен, когда обнаруживает, что никто не встал в проломе за народ.

> *Искал Я у них человека, который поставил бы стену и стал бы предо Мною в проломе за сию землю, чтобы Я не погубил её, но не нашёл.*

> *Иезекииль 22:30*

Если никто не явился в суд, чтобы ходатайствовать за нацию, округ или город, Судья не сможет сделать ничего иного, кроме как позволить Своему врагу привести в действие проклятие.

---

121 https://ru.wikipedia.org/wiki/%D0%A0%D0%BE%D1%83_%D0%BF%D1%80%D0%BE%D1%82%D0%B8%D0%B2_%D0%A3%D1%8D%D0%B9%D0%B4%D0%B0

122 https://christianliferesources.com/beginning-of-life/abortion/ (2019-04-18)

Я слышу, как некоторые из вас уже возмущаются: «Но разве Иисус не ходатайствует за наш народ на небесах?»

Да, это так, но для вынесения приговора должны быть два-три свидетеля. Чтобы вынести приговор на небесах, на земле должны быть свидетели, которые будут свидетельствовать вместе со Христом на небесах.

Иоанн говорит нам в Откровении, что дух пророчества — это свидетельство Иисуса[123]. Когда Иисус свидетельствует, Он призывает нас быть Его свидетелями. Как же нам свидетельствовать? Наш голос должен быть услышан в судах небесных, а наше пророчество - на земле. Земля и небо должны стать единым целым, чтобы небесный приговор получил юридическую силу на земле.

Но вы можете спросить: если это правда, то кто же тогда свидетельствует на земле от имени сатаны? Вы будете удивлены, услышав, что самые сильные свидетельства, которые поддерживают дела сатаны в небесных судах — это свидетельства, которые даем мы, христиане. Когда мы плохо говорим о человеке или клевещем или сплетничаем о нашем брате или о церковном руководстве, тогда наше свидетельство записывается на небесах. Еще мы можем хранить молчание, проявлять полное безразличие к тому, что происходит в обществе, полагая, что Иисус скоро вернется и спасет нас из нашего окружения. Давайте же осознаем ответственность, которую мы, сыны Божьи, несем. Которую мы и призваны выполнять.

Постоянные составляющие судебного дела

На каждом заседании суда есть постоянные составляющие. В следующих главах мы пошагово рассмотрим ваши действия для подготовки и выступления с вашим иском.

Прежде чем приступить к подготовке вашего иска, важно знать и понимать кто вы есть и какой пост вы занимаете. Вы действительно знаете, кто вы есть, когда находитесь на небесах? Вот почему вы обязаны начать исследовать свой собственный свиток. Когда вы узнаете, какова миссия, данная вам Богом, вы также узнаете, каковы ваши полномочия и мандат в небесных судах.

Затем вам нужно описать, какая именно несправедливость была совершена по отношению к вам. Опишите, в чем заключалась ваша роль и какую роль ваш оппонент сыграл в конфликте. Вы надо будет попросить прощения за ошибки, которые совершили вы, и благословить людей, которые причинили вам боль. Я хочу еще раз подчеркнуть, что прощение является юридическим действием, а не следствием эмоции. Наши эмоции требуют мгновенного возмездия, но, если мы прощаем обидчика, мы передаем право на возмездие в руки Праведного Судьи. Он будет судить праведным судом.

Вам нужно будет собрать доказательства и вызвать свидетелей. Вы начнете отстаивать свое дело в соответствии с обетованиями, которые содержатся в Библии. Затем вам нужно сформулировать ваши обвинения и обозначить компенсацию, которую хотите получить. Далее вы представляете все это своему Отцу, Судье. Судья выносит приговор, и вы получаете от Него письменное решение. Также подписывается свидетельство о расторжении. Вы приносите это письменное решение на землю и начинаете исполнять все, что в нем написано. Вот, кратко, те шаги, которые мы предпримем в ходе всего судебного разбирательства.

Если вы никогда не были в небесном суде, у вас нет соответствующего опыта. Вот почему первый раз может быть трудно. Не стесняйтесь попросить более опытного человека помочь с этим. Но не забывайте, что судебное заседание на земле и на небесах — это серьезное дело. Приговор судьи является обязательным для исполнения всеми сторонами, даже если вы ожидали другого решения.

Пребудьте в мире. Когда вы только начинаете ходатайствовать в небесных судах, вам дается много благодати. Вас поддерживают многие помощники и утешители.

Знайте, что Небесный Судья всегда милосерден к Своим детям. Самое главное — это отношение вашего сердца. Когда вы искренне пытаетесь исправить несправедливость, судья не удалит вас при первой же ошибке, ведь вы стараетесь изо всех сил. В конце концов, Он остается вашим Отцом и Другом. Иисус стоит рядом с вами как ваш Адвокат. Если вы действуете в духе любви, данная вам благодать будет вашим союзником, даже если вы не выполнили весь регламент как следует. Но если вы приложили только половину сердца и решили, что в конце концов все будет в порядке, вы будете отвергнуты судом. Ваши обвинения не будут приняты, ни на земле, ни на небесах.

Важность ответственности

Ранее я уже говорил, когда молимся об освобождении, мы вступаем в судебный процесс на небесах. Очень важно, чтобы освобождаемый признал свою ответственность за то, что происходит в его жизни. Если тот, кто получает освобождение, не возьмет на себя ответственность за свою жизнь, молиться за такого человека бесполезно.

То же самое относится и к молитве в небесных судах. Вы должны взять на себя ответственность за свою жизнь. Всегда найдутся люди, которые смогут вам помочь, особенно когда вы только начинаете так молиться. Но на вас возложена ответственность за подготовку, расследование, сбор доказательств, определение обвинений и получение прощения от людей, которым вы причинили боль во время конфликта.

В следующих главах вы получите много заданий. Выполняйте каждое домашнее задание, это будет полезно. Дополнительно издана также рабочая тетрадь, которая может помочь вам в подготовке вашего иска[124]. Задания и молитвы для этого и разработаны; мы обсудим это подробнее в следующих главах.

Основная цель этих судебных слушаний заключается в том,
чтобы на земле утвердилась воля Божья,
как на небесах.

Когда вы получите откровение о собственном свитке, запишите его. Это относится и к остальным заданиям: записывайте места Писания, которые вы хотите использовать, в рабочую тетрадь. А если вы запечатлеете эти стихи и в своем сердце, никто не сможет их отнять. Когда вы делаете это в первый раз, вам может потребоваться некоторое время, прежде чем вы будете готовы. Но пусть это не мешает вам исполнить желания вашего сердца - добиться справедливости в судах небесных.

Небесные суды не являются быстрым универсальным ответом на все наши проблемы. Разбирательства проводятся в небесных судах, чтобы вы получили справедливое решение. Бывает и так, что вы получите ответ или приговор, которого не ожидали. Как и в земном суде, приговор нашего Небесного Судьи может вас удивить. Основная цель судебных слушаний заключается в том, чтобы воля Божья утвердилась на земле, как и на небесах. Небесные суды являются неотъемлемой частью Царства Небесного.

Ваша судьба и реализация ваших мечтаний связаны напрямую с Божьим планом на вашу жизнь. Когда мы добьемся успеха в реализации нашей судьбы, все творение также придет к восстановлению. Творение

---

124 Рабочая тетрадь курса «Суды небесные для новичков», Publishing House Seferim, 2019.

страдает от режима безжалостного врага, который ничего и никого не уважает. Наш долг - встать в проломе и представить наш иск в небесных судах.

Ибо тварь с надеждою ожидает откровения сынов Божиих.

Римлянам 8:19

Заключение

Хорошее начало - половина дела. Это особенно актуально, когда вы готовите свой судебный иск. Начав осваиваться в небесном измерении все больше и больше, вы обнаружите со временем, что это делать все проще и проще. И да, вам придется освободиться от всего, что вам мешает. Но разве это не называется зрелостью - способность нести ответственность?

Отложите свои страхи в сторону. Для вас припасено так много благодати. Отец очень хочет, чтобы вы встали в проломе ради праведности и справедливости на земле: сначала в собственной жизни, затем в своем городе, области и стране.

В следующей главе вы узнаете, что написано в вашем свитке, и да, вы узнаете это сами.

12

Что написано в моем свитке?

Возможно, вы задавали себе этот вопрос, когда только услышали о небесных свитках. Это очень хороший вопрос. Многие задумываются об этом. Возможно, не все используют такие слова, как свиток или зал суда, но каждый задумывался о своей жизненной цели и о том, как выполнить миссию, данную им Богом. В этой главе вы найдете несколько практических инструментов, которые помогут вам получить ряд ответов на этот важный вопрос.

Некоторые уже в раннем возрасте знают, чего они собираются достичь. Другие и понятия об этом не имеют: их жизненная цель - великая тайна. Они не понимают, что им делать в этой жизни, не уверены в том, какова воля Божья для них. Сделать правильный выбор для такого человека затруднительно. И дело не в том, что он не знают, как делать выбор, а в том, что он понятия не имеет, для чего он живет на земле. Если вышесказанное про вас, у вас есть надежда! Бог не оставлял вас. Но свиток ваш запечатан, поэтому вы не знаете, что в нем написано.

Свиток Библии

Для чего мы на Земле? Многие из нас не могут ответить на этот вопрос. Но, когда вы ответите на него, вы тем самым дадите определение причине вашего существования на Земле. В этом заключается обоснование существования человека – его лично, его, как части коллектива или даже как части народа. Если вы не выполняете то, к чему призваны, вы, вероятно, выполняете что-то неправильное, и где-то глубоко внутри себя вы это осознаете. Вот почему многие постоянно недовольны. Они понятия не имеют, что делать со своей жизнью.

Когда мы читаем о видении, которое было у Исаии, когда он был призван Господом[125], мы получаем некоторое представление о том, как утверждается наше призвание. Исаия стоял в тронном зале Бога. Он был ошеломлен всем увиденным там. Вскоре он узнал, что он не был достоин

---

125 Исаия 6:1-13

находиться там, поэтому закричал: «Горе мне, погиб я!» Уста
его были нечисты, и глаза его видели Царя, Господа Саваофа.
Серафим очистил его углем из жертвенника. Его грех был очищен,
и его беззаконие было удалено. Затем он слышит голос Господа,
говорящий:

«Кого Мне послать? и кто пойдёт для Нас?» И я сказал:
вот я, пошли меня.

Исаия 6:8

Я уверен, что Исаия был перенесен назад во времени в тот момент,
когда судьбы человечества утверждались на Совете Господнем.
Это произошло еще до того, как Бог начал создавать все сущее.
Разве Иисус не сказал когда-то, что Он прославляет Бога, совершая
дела, которые Бог приготовил еще до начала мира?[126]

Исаия присутствовал на Совете Господнем, и у Отца было
задание, которое должно быть исполнено на земле. Он спросил
присутствовавших там рядом с Ним: «Кто хочет его выполнить?»
Затем Он ждет ответа. Исаия ответил на этот вопрос и получил
инструкции о том, как выполнить это задание (стихи 9-13).

Я полагаю, что после этого Исаия был приведен к писцам, где
он получил свиток с заданием, выполнить которое он только
что вызвался. И тогда Отец посылает его на землю исполнить
эту миссию. Исаия получил все необходимое для успешного
выполнения своего задания. Все было соответствующим образом
настроено, чтобы выполнить написанное в его свитке: его
личность, его таланты, страсти, интересы и даже время, в которое
он родился. Когда Исаия спустился с небес на землю, он прибыл с
свитком во чреве[127].

Как и Исаия, Иеремия получил призвание еще до того, как пришел
на землю. Он также получил четкое задание от Бога. У Давида
был такой же опыт. Он даже написал целый псалом об этом,
чтобы пояснить, как Бог знал обо всем этом. Он знает все, даже
начало[128]. Но дело еще в том, что сатана тоже способен читать
свитки человечества. Он не хочет, чтобы кто-либо из нас преуспел
в выполнении миссии, данной нам Богом.

126 Иоанна 17:4; Евреям 4:3
127 Откровение 10:9-10
128 Иеремия 1:4-10; Псалом 138

Вот почему он делает все возможное, чтобы помешать нам понять нашу судьбу. Он и вам тоже мешает. Он запечатывает ваш свиток проклятиями и заставляет вас испытать травмы, чтобы вы в итоге сдались. Он пытается разрушить вашу веру и повлиять на вашу память, чтобы вы не могли вспомнить ничего, о чем вы с Отцом договорились.

Вот почему многие из нас бесцельно бредут по жизни, как овцы, у которых нет пастыря; потерянные в каждодневных проблемах. Но, к счастью, все это можно изменить. Когда вы узнаете о своем задании - когда вы прочитаете свой свиток - вы сможете добиться успеха в жизни. Итак, объявим так, как это сделал Неемия:

Я дал им ответ и сказал им: Бог Небесный, Он благопоспешит нам, и мы, рабы Его, станем строить, а вам нет части и права и памяти в Иерусалиме.

Неемия 2:20

Запечатанный свиток

Свитки могут быть запечатаны, и иногда это - дело рук сатаны. Такое может произойти, когда кто-то из предков заключил завет с сатаной. В качестве компенсации сатана получил законное право запечатать свиток будущих поколений проклятиями. Важно изучить свою родословную, чтобы увидеть, заключали ли ваши предки заветы со лукавым. Также может быть, что ваш свиток запечатан из-за ваших собственных слов или слов ваших родителей, учителей или руководства церкви.

Итак, на этот вопрос нужно ответить в первую очередь. Чтобы найти ответ, сделайте следующее: спросите Духа Откровения, заключали ли ваши предки завет, который повлиял на ваш свиток. Вы также можете попросить членов вашей семьи рассказать вам об истории вашей семьи. Было ли такое, что кто-то из родственников умер преждевременно? Какие привычки доминируют в вашей семье? Есть ли у родственников зависимости? Бывает ли у них неестественное поведение? Все эти вопросы помогут вам понять, влияет ли сатана на вашу жизнь.

Если будет трудно найти ответ самостоятельно, вы можете попросить других помолиться за вас. Вы можете попросить кого-нибудь, кто знаком с молитвой «Восстановление оснований», помочь вам. Такие команды служителей помогают очистить вам основания вашей жизни. Проведение исследования о ваших предках - часть такой молитвы[129]. Сокрушение силы древних проклятий — это то, что мы делаем в судах небесных.

А когда вы поймете, какие печати находятся на вашем свитке, не пора ли их снять? В конце концов, запечатанный свиток невозможно прочитать. Мы видим, что Иоанн плачет, потому что никто на небесах не мог снять печати с небесного свитка. Но его слезы позволили Агнцу Божьему выйти вперед, чтобы снять эти печати[130]. Печати ломаются тогда, когда мы глубоко раскаиваемся в своих грехах и грехах наших предков.

Печати также разрушаются нашим послушанием. Мой друг недавно узнал о существовании своего свитка, но вскоре он понял, что свиток запечатан. Когда он молитвенно спросил Отца, что он с этим делать, Бог велел ему пройти водное крещение. После крещения одна из печатей на его свитке была снята.

Спросите Иисуса, какие печати вы можете снять со своего свитка.

Некоторым трудно решиться на водное крещение - не потому, что не считают это необходимым, а потому, что они страшатся последствий. Если вы пройдете крещение, это может оказать большое влияние на отношения в вашей семье. Это момент, когда ваше послушание подвергается проверке. Вы действительно хотите знать, что написано в вашем свитке и какое поручение Бог дал вам? Тогда повинуйтесь Ему, когда Он попросит вас что-то сделать, даже если это затруднительно.

Сатана пришел, чтобы погубить

На многих сеансах освобождения, которые прошли у нас за последние двадцать лет, самая интересная часть всегда наступает, когда мы начинаем открывать судьбу человека, о котором мы молимся. Враг делает все возможное, чтобы погубить нашу судьбу. Все происходит примерно по одному шаблону.

Главная цель всех враждебных нам действий - погубить судьбу человека. Если человек призван быть евангелистом, то он испытывает агорафобию (боязнь открытой толпы - прим.пер.). Если человек призван проповедовать, то он заикается. Эту тактику врага можно

---

129 Для получения информации, пожалуйста, посетите: https://www. restoringthefoundations.org/

130 Откровение 5:1-6

развернуть и использовать для нашей пользы, чтобы получить некоторое представление о Божьем призвании в вашей жизни.

Вот почему книга Откровение говорит нам о награде для тех, кто побеждает своего врага. Да, возможно придет страх, когда будете пытаться войти в свою судьбу. Но единственный способ преодолеть этот страх - противостоять ему. В этот момент нужно просить помощи в этом процессе у Святого Духа Крепости.

Опишите, что сложнее всего было победить вам в своей жизни.

Опишите, что вам приходится преодолевать и какие эмоции вы при этом испытываете. Противостаньте врагам и провозгласите кровь Агнца. Когда на этот вопрос в вашей жизни будет дан ответ, вы получите представление о направлении, которое дал вам Бог. Запишите, с какими препятствиями вы столкнулись в своей жизни, а затем противопоставьте каждому из них библейское обетование Бога для вашей жизни. Провозглашайте это ежедневно!

Наш характер — это тоже дар

Ваш характер и особенности личности созданы Богом для того, чтобы помочь вам добиться успеха в реализации вашей миссии. Вот почему так важно понимать свои личностные особенности, уметь различать свои слабые и сильные стороны. Есть много тестов, которые могут помочь вам узнать ваш психотип. Тест DISC - один из них.

Тест DISC различает четыре психотипа. Первая шкала - выбор между ориентированностью на задачи или на людей. Вторая шкала - ваша способность принимать решения: вы быстро принимаете решение или принимаете его на протяжении какого-то времени? Тест помогает понять подводные камни и сильные стороны каждого психотипа. Он также поможет вам понять, является ли ваше поведение результатом обстоятельств, в которые вы попали или результатом вашей внутренней силы.

Результатом теста часто является сочетание двух или трех стилей личности. Первый стиль - «Доминирующая личность», второй стиль - «Влиятельная личность», третий стиль - «Устойчивая личность», а четвертый - «Сознательная личность». В нижеследующей таблице вы увидите очень простое изображение главных характеристик каждого стиля.

Стили личности DISC – упрощенный вариант презентации

	Доминирование	Воздействие
Идеальный мир	Полный вызовов	Развлечение
Самый большой страх	Потеря контроля	Отвержение
Временной промежуток	Пусть случится прямо сейчас	Завтра тоже подойдет
Эмоции	Трудный характер	Счастье / оптимизм
Вид вопроса	Что?	Кто?
Мотивация	Быть важным	Быть признанным

	Соответствие	Постоянство
Идеальный мир	Все должно быть совершенным	Все должно быть спокойным
Самый большой страх	Подвергнуться критике	Потеря чувства безопасности
Временной промежуток	Живет в прошлом	Живет в настоящем
Эмоции	Испуганный и осторожный	Обеспокоенный
Вид вопроса	Зачем?	Как?
Мотивация	Быть уверенным	Наводить мосты

Рассмотрим первый столбец слева. Как выглядит ваш идеальный мир? Другими словами, какие факторы окружающей среды дают вам энергию? Каков ваш самый большой страх, или чего вы действительно боитесь? На что направлено ваше время? В каких временных рамках вы живете? Вы хотите все сейчас или всегда смотрите в прошлое? Как вы выражаете свои эмоции? Какие вопросы вы задаете другим или себе? И, наконец, каков ваш самый большой мотиватор в работе с другими?

Узнайте, какой психотип описывает вас лучше всего.

Здесь приведено очень краткое описание стилей личности по DISC. Чтобы узнать и понять больше, очень полезно пройти тест DISC самостоятельно[131]. Уникальная личность, данная вам Богом, указывает на полученную вами миссию. Вы есть то, что сказал о вас Бог, и никто не может украсть это у вас. Вам нужно только самому поверить в это.

Отец хочет для вас самого лучшего

Некоторые думают, что Бог обязательно даст такое задание, которое человеку будет ненавистно. Например, кому-то очень нравятся тропики, тепло и пляж, но Бог обязательно отправит этого человека на север, чтобы проповедовать эскимосам.

Узнаете такой образ мышления? Наш Отец - благой Отец. Он знает желания вашего сердца, знает то, что подходит вам. Он сделал вас совершенными и очень любит вас. Это значит, что задание, которое Он дал вам, полностью соответствует тому, кто вы есть, а не наоборот.

Ибо только Я знаю намерения, какие имею о вас, говорит Господь, намерения во благо, а не на зло, чтобы дать вам будущность и надежду.

Иеремия 29:11

Божья благость ошеломительна. Когда вы делаете то, о чем вас попросил Бог, вы оживаете. Выполнение задания Отца не является наказанием или бременем. Вы созданы с заложенной внутрь вас

---

131 Краткую версию бесплатного DISC-теста можно найти здесь: https://discpersonalitytesting.com/free-disc-test/

страстью, которая позволяет вам преодолевать любые трудности, с которыми вы сталкиваетесь. Делайте то, что вам естественным образом нравится; деятельность, которая заряжает вас энергией и которой вы увлечены. Найдите минутку, чтобы сесть и записать те вещи в жизни, которые вас действительно волнуют, а также то, что вы ненавидите делать. Делая это, вы становитесь ближе к пониманию Божьей миссии для вас.

Опишите, что вам на самом деле нравится, чем вы страстно увлечены.

Это суть желаний сердца Божьего для вас. Вы радуетесь, делая то, что Бог вложил в вас.

И вот, небольшая оговорка. Не путайте страсть, данную вам Богом, с вашими душевными желаниями вещей этого мира. Будьте честны перед самим собой и исследуйте свои страсти вместе со Святым Духом. Именно Он может показать вам пути совершенные. Что из ваших желаний на самом деле от Него, а какие удовольствия - из мира? Человек испытывает огромную радость, занимаясь реализацией подлинных мечтаний и страстных желаний.

Тогда я сказал: вот, иду; в свитке книжном написано о мне: я желаю исполнить волю Твою, Боже мой, и закон Твой у меня в сердце.

Псалом 39:8-9

Мы все получили особый дар

Бог дал вам все навыки и таланты, необходимые для выполнения вашей миссии. Если Он призвал вас писать и играть небесную музыку на земле, вы естественным образом получили этот талант. И все же, вам придется сначала пройти обучение и потом усердно практиковаться, чтобы развить свой талант и навыки. Но вы достигнете больших успехов, чем человек, не одаренный так, как вы.

Как часто мы видим, что у конкурсантов на шоу талантов есть только одна мечта: показать свой талант всему миру, чего бы это ни стоило? Запишите то, что легко дается вам, но трудно для других. Когда люди просят вас о помощи, что именно они хотят от вас?

Какие таланты и навыки у вас есть?

Запишите, чем искренне удивляете людей, когда они видят, как легко вам что-то дается. Это - то, в чем вы компетентны, эта способность подходит вам, как перчатка руке. Вы мгновенно видите, как и что нужно делать, это ваш природный дар. Не отступайте от этих даров. Крепко вцепитесь в свои таланты и способности и развивайте их.

Пророческое подтверждение

Некоторые из нас получали пророческое слово в своей жизни. Пророческие слова помогают найти правильный путь в жизни. Пророчество дается нам в назидание, увещание и утешение. Очень полезно записывать каждое пророческое слово, полученное вами.

Какие пророческие указания вы получали?

Ищите суть в каждом увещании. Большая часть пророчеств подтверждают то, что вы уже знаете внутри себя. Такие пророчества побуждают вас к дальнейшей реализации своей судьбы.

Эмоциональная карта (The Mood Board)

Возможно, вам поможет использование эмоциональной карты настроения. У нас в Нидерландах есть телевизионное шоу, на котором приглашенным участникам помогают отремонтировать дом. Для проекта новой гостиной, например, кандидаты подготавливают эмоциональную карту настроений, или карту визуализации. Человек может воспользоваться журналом, вырезать любую картинку, которая поможет ему показать свое эмоциональное видение или ощущение комнаты своей мечты.

Этот же подход применим к нашему желанию исполнить предназначение, данное нам Богом. Мы переживаем радость, если идем по Божьему пути. Иногда дорога становится непростой, но внутри нас все равно что-то радуется, потому что мы знаем, что мы на верном пути.

Создайте карту настроений, чтобы выразить свои эмоции.

Постарайтесь выразить эмоции или настроение, которые вы испытываете, когда думаете об исполнении своей мечты. Будет полезно изучить веб-сайты с практическими советами о том, как создать карту настроений[132].

Запишите свой свиток

Следующие задания помогут вам получить некоторое представление о содержании вашего свитка. Своими словами запишите, что, по вашему мнению, Бог просит вас выполнить. Отец желает вам только самого лучшего. Единственное, чего Он от вас хочет - чтобы вы выполнили призвание своей жизни; чтобы вы стали выдающимся человеком. Отец ни в коем случае не сторонний наблюдатель. Он не зритель, пришедший понаблюдать за игрой. Он всегда рядом с вами, Он помогает вам добиться успеха, и Он хочет быть членом вашей команды. Вместе с вами Он хочет победить в каждой игре.

Выполнив все задания этой главы, вы сможете открыть для себя и зафиксировать то, что по вашим ощущениям записано в вашем свитке. Вы знаете, что вам нравится делать и в чем вы хороши. Будут также пророческие подтверждения. Поймите, что ваша судьба напрямую связана с вашими страстными увлечениями.

Теперь вы понимаете, почему вы столкнулись с таким сильным сопротивлением в определенной области вашей жизни. Записывая все это, вы также провозглашаете и утверждаете ваш мандат и полномочия в судах небесных. Вы имеете право заставить замолчать всякий голос, который говорит против что-либо вашей судьбы; всякий голос, который мешает вам выполнить Божий план для вашей жизни на земле.

Опишите мандат, данный вам Отцом.

Будьте уверены, когда утверждаете свою судьбу перед Отцом. Он засвидетельствовал ее в вашей жизни в тот день, когда был написан ваш свиток. Согласитесь с Ним и отрекитесь от врага. Таким образом, призвание и судьба вашей жизни будут подтверждены устами двух или трех свидетелей[133]. Вам разрешено ходатайствовать об обетованиях Божьих для вашей жизни. Призовите миссию, данную Богом. Подкрепите призыв пророческими подтверждающими словами, которые вы

132 http://erinblaskie.com/vision-and-mood-boards/
133 2 Коринфянам 13:1

получали когда-либо. Найдите места Писания в поддержку этой миссии. Напомните Богу об обетованиях, которые Он дал. Молитесь, как Моисей; исполнение вашего предназначения на земле - в Его интересах. Выполнив все эти задания, вы сможете записать миссию, полученную вами от Отца.

Заключение

Я почти слышу, как вы ворчите: «Разве все это мне нужно сделать, прежде чем смогу войти в суды небес?»

Ответ: «Нет, не нужно».

Но когда вы поймете масштаб задания, которое дал вам Бог, вы гораздо лучше подготовитесь к судебному слушанию вашего иска в небесных судах. Итак, ответ также: «Да, нужно. Это для вашей же пользы».

Мандат, с которым вы выступаете в небесных судах, напрямую связан с миссией, полученной от Бога. Рассматривайте выполнение заданий в этой главе как инвестицию в свою собственную жизнь. Вы не пожалеете ни одной минуты, потраченной на это, потому что, наконец, получите ответ на самый важный вопрос в вашей жизни: «Зачем я на этой земле?»

В следующей главе вы узнаете, зачем вы идете в суд. Вы научитесь описывать несправедливость, совершенную в отношении вас, и, самое главное узнаете, как ваш мандат поддерживается Писанием.

13

Опишите несправедливость

Поводов для подачи в суд на земле может быть много. Конфликт с вашим соседом, как вас уволили или даже какое-то более серьезное преступление, совершенное против вас. Вы идете в суд, потому что убеждены, что с вами поступили несправедливо. Вы хотите исправить ситуацию. Возможно, вы пытались решить конфликт самостоятельно, но безуспешно. Вы убеждены, что сможете убедить судью увидеть вашу точку зрения. Вы ожидаете, что судья взыщет с обидчика за все, что с вами сделали. В суд не идут, потому что там прикольно. Судебное дело может оказаться дорогостоящим мероприятием. Обычно все судебные издержки оплачивает сторона, проигравшая судебный процесс.

Каждый имеет право обратиться с иском к судье. То же самое происходит и в судах небесных. Мы, как граждане Царства Небесного, получили право обратиться с иском к Небесному Судье. Мы наблюдаем это, в частности, в жизни Давида, который регулярно обращался к Богу за защитой.

> *ибо Ты производил мой суд и мою тяжбу; Ты воссел на престоле, Судия праведный.*
>
> *Псалом 9:5*

> *Молитва Давида. Услышь, Господи, правду, внемли воплю моему, прими мольбу из уст нелживых. От Твоего лица суд мне да изыдет; да воззрят очи Твои на правоту.*
>
> *Псалом 16:1-2*

> *Суди меня, Боже, и вступись в тяжбу мою с народом недобрым. От человека лукавого и несправедливого избавь меня.*
>
> *Псалом 42:1*

По сути, вы идете в небесные суды для доказательства правоты. Понимаете ли вы, что молитвы, которые вы произносите во внутренней комнате, слышны в небесном зале суда? Большинство из нас бывают в судах небесных чаще, чем мы это осознаем. Важно, чтобы вы точно знали, какая именно несправедливость была совершена по отношению к вам. К Судье не приходят рассказать, что вам грустно или что вы очень злитесь на кого-то. Небесный Судья — это не церковный психолог, который просто погладит вас по голове. Бог выносит приговор по законам Своего Царства. Вы должны доказать на суде, что ваш иск имеет законное основание. Это означает, что факт несправедливости должен иметь обоснование в Библии. Вот почему каждому из нас нужно основательно подготовиться.

Одна проблема за один раз

Вам нужно придерживаться простоты, особенно когда вы только начинаете так молиться. Выберите одну конкретную ситуацию в своей жизни: будь то работа, церковь или личное дело. Затем проработайте свое дело по схеме, представленной в этой главе. Во время первого официального судебного заседания вы представляете судье только одно дело, так сказать, одну проблему.

Не пытайтесь разобраться с комплектом всех несправедливостей, случившихся в вашей жизни за один суд. Не начинайте с самого сложного дела. Начните с простого дела, чтобы вы могли понять судебный регламент. Например, вы можете начать с случая, похожего на описанный Свеном Леувестейном в предисловии. В тот момент, когда вы начнете ощущать Бога Судьей всей земли, и Он оправдает вас, ваша вера получит толчок в росте. Вы станете опытнее и наработаете большую сравнительную базу.

Кто поступил с вами несправедливо?

Каждый из нас переживал ситуацию, в которой он не получил то, на что имел право - возможно, какую-то льготу, вознаграждение или продвижение по работе. Несправедливость может произойти даже в церкви. Ваш руководитель мог совершить ошибку, или в церкви могли отнестись к вам несправедливо. Не всегда легко рассказывать о том, что было в вашей жизни. Возможно, вы пережили глубокую травму с такой сильной болью, что решили молчать о ней. Виновник настолько вас запугал, что вы не осмелитесь никому об этом рассказать. Но, пока вы молчите, Небесный Судья не может вынести приговор и защитить вас. Все устроено ровно так же и на земле.

Полиция, окружной прокурор и судья могут приступить к действиям только после того, как вы выдвинули обвинения.

Опишите, кто поступил с вами несправедливо.

С другой стороны, вы можете совершить ошибку, болтая со всеми о предполагаемом преступлении, совершенном в отношении вас. Таким образом вы избегаете конфронтации с тем, кого считаете виновником, и начинаете сплетничать о нем за его спиной.

Так делать неправильно. Сначала подготовьте список и запишите туда тех, кого вы считаете виновниками несправедливости. Могут быть и члены семьи, друзья, коллеги по работе или руководство церкви. Это также может быть какая-либо организация, компания или государственный орган. Суть в том, чтобы не начинать с обвинения демонов или сатаны. Вы указываете, кто, по вашему мнению, виноват, и отдаете право Небесному Судье разобраться с духовными силами, стоящими за этой структурой.

Что именно произошло?

Каждый раз, когда кто-то причиняет вам боль, вы воспринимаете это как незаконное действие против себя. В конце концов, вам сделали больно, это может оставить глубокие раны. Тем не менее, очень важно точно описать эту несправедливость. Где в Библии написано, что это - несправедливо? Неважно, что ваши эмоции говорят вам, что это незаконно; важно только одно: говорит ли вам об этом Библия. Когда вы излагаете свое дело, правовые основания могут быть найдены только в нарушении закона Царства, как описывает это Писание, а не в вашем эмоциональном состоянии.

Опять же, я хочу подчеркнуть, что ваши эмоции важны, но они не играют решающую роль, когда дело доходит до вопроса о вине.

Опишите, что именно произошло, и подкрепите это фактами.

Не жалейте время, тщательно опишите произошедшее и разъясните, почему вы считаете это незаконным действием. Будьте объективны и конкретны и подкрепите свой иск Священным Писанием. Вы всегда можете попросить кого-нибудь помочь вам с этим. Раскажите суду, как давно это происходило. Возможно, это случилось с вами в молодости, а возможно это - свежее событие. Важно описать обстоятельства как можно точнее.

Вы пытались примириться?

Имейте в виду, что мы всё воспринимаем через свою призму. Вы воспринимаете и судите ситуацию заведомо с предубеждениями. Чаще всего вы и понятия не имеете о том, что пережил ваш оппонент, если вы не пытались обсудить с ним конфликт.

Иисус объяснил нам, как мы должны разрешать наши конфликты. Бог спрашивает сначала нас, готовы ли мы разрешить конфликт с нашим оппонентом. Вы можете сделать это самостоятельно или попросить свидетеля присоединиться к вам - свидетеля того, что произошло. Если вам не удается восстановить отношения, вы можете продолжить, представив свое дело Небесному Судье. Это то, что Иисус описывает в Евангелии от Матфея.

> *Если же согрешит против тебя брат твой, пойди и обличи его между тобою и им одним; Если послушает тебя, то приобрел ты брата твоего; если же не послушает, возьми с собою ещё одного или двух, дабы устами двух или трёх свидетелей подтвердилось всякое слово; если же не послушает их, скажи церкви; а если и церкви не послушает, то да будет он тебе как язычник и мытарь.*

> *Матфея 18:15-17*

Что вы сделали для восстановления отношений?

Я убежден, что Иисус имеет в виду Бейт-Дин, когда говорит о церкви. Когда вы не можете разрешить конфликт самостоятельно, вы можете представить свое дело Небесному Судье. Это происходит, когда вы входите в выездной суд со своими свидетелями, чтобы представить свое дело. Но делайте это только в том случае, если все предыдущие усилия пошли прахом - когда вы подаете иск, вопрос будет таким: «Что вы сделали на земле, чтобы решить этот конфликт? Сделали вы все возможное, чтобы восстановить отношения?»134

---

134 Римлянам 12:18

Танго в одиночку не станцуешь

Эта старая пословица сохраняет свою значимость. Редко случается конфликт, в котором виновата только одна сторона. Вы должны быть предельно честны о своей роли в этом конфликте. Что вы сделали? Какие негативные слова вы произнесли в гневе? Экклезиаст предупреждает нас, даже в мыслях своих не злословить царя, потому что птица небесная может передать твое слово[135].

Когда вы злитесь и говорите (или даже думаете) плохо о своем брате, сатана может использовать ваше свидетельство в качестве обвинения против вашего брата. Это крайне нежелательно, потому что обвинение повлияет не только на брата. Оно также будет использовано против вас.

Опишите свою роль в конфликте.

Будьте предельно честны с самим собой и спросите Иисуса, как Он видит ситуацию. Он выше обеих участников конфликта, Он ответит вам честно. Он может говорить с вами напрямую, а иногда и посредством ваших друзей. Но когда вы не слушаете, Он использует даже ваших врагов, чтобы донести слово. Возьмите на себя инициативу и попросите прощения у другого человека. Неважно, была ли ваша роль в конфликте главной или нет. Не стоит полностью возлагать вину на своего оппонента. Именно так повели себя Адам и Ева в раю. Если и вы так делаете, ваш оппонент может обвинить вас в суде.

Знайте сторону обвинения

Если вы совершили серьезное преступление, иск к вам подает прокурор. Обвинитель собирает доказательства, заслушивает свидетелей и предъявляет вам обвинение в суде. Без формально выраженного обвинения не может быть суда. Обвинительное заключение должно быть основано на законодательстве страны. Вас не могут обвинить в том, что не является противозаконным.

Иногда в отношениях возникает такое чувство, что на тебя обижаются. Вы понятия не имеете, что вы сделали неправильно, но вы знаете, что-то слегка изменилось в отношениях. Сердечность и доброта, которые вы недавно только ощущали, превратились в сдержанное и поверхностное приветствие. Возможно, вы переживаете ситуацию,

135Екклесиаст 10:20

в которой о вас говорят или, что еще хуже, обвиняют вас в небесных судах. Что вы можете сделать в этих обстоятельствах?

Готовьтесь, самостоятельно или со своим защитником, наилучшим образом. Крайне важно знать и понимать в чем вас обвиняют, какие обвинения были доведены до сведения суда. Одним из наиболее важных условий справедливого судебного разбирательства является право знать, в чем заключаются обвинения. Прокурор должен рассказать вам, какие у него обвинения и какие доказательства. Если прокурор отказывается предъявить доказательства, заседание суда может быть отменено.

Какие обвинения вам предъявлены?

То же самое происходит и в судах небесных. Вы имеете право знать, какие обвинения выдвигаются против вас. Это относится не только к обвинениям, выдвинутым сатаной в суде; это также относится к обвинениям, выдвинутым другими людьми.

Об этом Иисус предупреждает нас в Нагорной проповеди. Когда вы идете в суд, и ваш противник обвиняет вас, Он призывает вас быстро согласиться с ним. Если вы этого не сделаете, вы рискуете быть осуждены[136].

Вот почему так важно быть прозрачным и честным, когда вы исследуете причины конфликта. Спросите Святого Духа, какие обвинения были выдвинуты против вас. И потом будьте честны и признайте свою роль.

В чем заключается ложь врага?

Одна из юридических тактик, которую использует враг, заключается в том, чтобы переложить всю вину на вас. Он делает это с помощь сплетен, распространяя ложь о вас. В результате вы постоянно думаете о себе негативно. Вы берете на себя вину за то, чего не делали, или, наоборот, обвиняете всех остальных в неприятностях, в которые попали.

Самое трудное - восстановить истинное положение вещей во внутренних обетах и мыслях, их нужно обнародовать.

---

136 Матфея 5:25-26

Пока вы замалчиваете обвинения, которые вы слышите в своем уме, враг может контролировать вашу жизнь. В тот самый момент, когда вы очищаете себя и раскрываете эти внутренние мысли, истина может пролить на них свет. Вот почему важно пройти этот процесс с кем-то другим. Вы получили право заставить замолчать каждый язык, который повернулся против вас в суде[137]. Не позволяйте лжи врага парализовать вас.

Позвольте мне привести пример. После рождения Иисуса все в Израиле знали, что что-то происходит. При Его рождении были знамения - волхвы пришли с востока, ангелы явились пастухам, и так далее. Эти события вселили надежду в сердца израильтян. Но не все были рады приходу этого Мессии.

В какой лжи вас обвиняют?

Именно сатана заставил Ирода убить всех мальчиков в Вифлееме в возрасте двух лет и младше. Таким образом он пытался погубить судьбу Иисуса, убив Его и бесчисленное множество других людей. Его план полностью провалился, потому что ангелы Божьи вовремя предупредили Иосифа. Но можете ли вы представить, какое бремя пришлось нести Иисусу?

Сатане не удалось убить Иисуса, но я могу представить, что он возложил вину за убийство тысяч невинных мальчиков на Иисуса: «Они умерли только из-за того, что Ты родился!»

То же самое сатана делает с нами. Он хочет только одного: остановить нас любыми средствами, чтобы погубить наши судьбы. Если он не может повлиять на нас напрямую, он пытается оказать на нас давление, говоря нам всевозможную ложь, чтобы нас полностью подкосило.

Провозгласите Божью праведность

После того, как вы описали несправедливость, постигшую вас, начинайте уравновешивать это зло обетованиями, которые Бог дал в Своем Слове. Что говорит Библия об исцелении, освобождении, провидении и восстановлении? Бог хранит вдов и сирот - тех, кто вынужден идти по этой жизни один. Используйте эти обетования Слова Божьего в поддержку вашего ходатайства.

---

137 Исаия 54:17

Обопритесь в ходатайстве на Священное Писание

Итак, начните изложение своего дела, ответив на вопросы и задания, приведенные в этой главе. Обоснуйте их, насколько это возможно, стихами из Писания. Многие стихи-обоснования можно найти в Псалмах и Притчах Соломона. Но также взгляните на книгу Иова. Вы можете прочитать, как он представляет свое дело перед Всемогущим. Используйте свои собственные слова, чтобы представить свои ходатайства или требования. Говорите четко и ясно, пусть источником слов будет любовь.

Заключение

Задания в этой главе могут быть самыми сложными во всей книги. Именно сейчас вы добираетесь до корня несправедливости, которая обрушилась на вас. Очень важно сформулировать и записать словами свою версию произошедшего. Потратьте на это время. Первый раз всегда самый захватывающий и, возможно, трудный. В конце концов, вам не с чем сравнить это новое начинание.

Возможно, вы читаете эту книгу, потому что на вас обрушилась какая-то несправедливость, или вам просто интересна эта тема, но по мере чтения Святой Дух проливает Свой свет на некоторые вещи, которые произошли с вами. Скорее всего, это продолжается уже некоторое время. Боль сильна, разочарование велико, а эмоции едва поддаются контролю.

Но конец вашей печали близок. На небесах есть Судья, который с нетерпением ждет вас. Он ваш Отец и Друг. Ваш брат, Иисус, является вашим Защитником, который стоит рядом с вами. После того, как вы тщательно выполните эту процедуру, вы увидите, в будущем она станет проще и быстрее.

Итак, в следующей главе вы войдете в зал суда и представите свое дело Небесному Судье.

14

Тогда приходите - и рассудим

Каждое судебное заседание структурировано последовательным образом. Когда судья занимает свое место, начинается суд. Каждый, кто участвует в судебном заседании, должен подтвердить свою личность, например, адвокат, советники, свидетели и свидетели-эксперты. Представляется дело, заслушиваются свидетели, и в итоге судья выносит приговор.

Насколько мне известно, в небесных судах нет системы суда присяжных заседателей. В небесной судебной системе сам судья выслушивает все ходатайства, принимает решение, выносит приговор и определяет наказание. Вы приходите к Небесному Судье с помощью веры; Он также является вашим Отцом и Другом. Поскольку здесь Он присутствует в официальной должности, обращаться к Нему надо как к «Небесному Судье». Так вы проявляете уважение к должности и роли Всемогущего на этот момент.

Не забывайте, что войти в зал суда и воспринимать, что там происходит, можно, сделав шаг верой. Вера поможет вам представить себе зал суда. Судья сидит прямо перед вами. Иисус Христос - ваш Адвокат и стоит рядом с вами. На другой стороне зала сидит ваш противник. Есть скамьи, где сидят свидетели и есть секретарь, который протоколирует все, что происходит. Также имеются места для публики, где другие наблюдают за происходящим. Приглашение отправлено, и небеса с нетерпением ждут. Когда святые Всевышнего откликнутся на Его призыв?

> *Тогда придите — и рассудим, говорит Господь. Если будут грехи ваши, как багряное, — как снег убелю; если будут красны, как пурпур, — как волну убелю.*

Исаия 1:18

В переводе на голландский мы читаем: «Давай пойдем в суд и решим наше дело». На иврите написано: «Будем выносить судебное решение вместе». Как будто Отец приглашает нас представить наше дело - нашу жизнь - в Своем суде. Он обещает нам, что очистит и убелит нас.

Подготовка к суду

В этой главе мы пройдем пошагово все этапы судебного разбирательства. В помощь вам мы приводим тексты всех молитв, чтобы вы могли сказать их вслух. Если вы выполнили домашнее задание, все задачи из предыдущих глав должны быть завершены. Вы уже изучили ваш свиток, и теперь вы знаете, каков ваш мандат, чтобы правильно подать иск. Вы также выяснили, какая несправедливость была совершена по отношению к вам и какую роль вы сыграли в конфликте. Вы выбрали одну проблему, а не целый список несправедливостей всей вашей жизни.

Вы благословили своих врагов и попросили прощения за то, что вы сами сделали в произошедшем конфликте. Во время этой сессии будет рассмотрено все, что мы перечислили. Не торопитесь, входя в покой вашего Отца. Позаботьтесь о том, чтобы окружающие вас не беспокоили. (Выключите телефон!) Будет очень полезно, если вам поможет другой человек, особенно если вы делаете это в первый раз. Вместе вы гораздо лучше сумеете воспринимать то, что происходит в небесном зале суда. Возможно, вы примите вместе причастие, прежде чем начать процедуру.

Готовясь к судебному заседанию, хорошо начать с молитвы благодарности Богу. Подчеркните, что вы идете в Его суд, чтобы возвысить Его имя. Вы хотите, чтобы Его воля исполнилась на земле, как на небе. Скажите Ему, что вы ищете чести не себе, а чести Всемогущему, Его Сыну Иисусу Христу и Святому Духу. Исповедуйте, что правосудие и правота - основание престола Его.

Открытие судебного заседания

На этом этапе вы должны признать полномочия Судьи в целом и потребовать, чтобы все присутствующие в этом судебном заседании сделали то же самое. Очень важно, чтобы вы говорили только с Небесным Судьей. Все сказанное говорится Ему. Так же, как и на суде земном, Судья объявляет судебное заседание открытым.

Небесный Судья, я предстаю перед Вами во имя Господа Иисуса Христа и посредством крови Агнца. Я признаю, что Вы обладаете всей властью на небесах, на земле и под землей. Всякое владычество - Ваше. Я признаю, что этот суд уполномочен выносить приговор по иску, заявленному перед Вами. Небесный Судья, прошу Вас открыть это судебное заседание.

Я также прошу, чтобы все участники этого судебного процесса явились в этот зал суда. Я прошу, чтобы все книги, которые имеют какое-либо отношение к делу, были раскрыты. Мы подчиняем себя и всех присутствующих силе крови Агнца.

Я заявляю, что буду говорить правду и ничего, кроме правды, я ничего не буду скрывать во время этого заседания. Я заявляю, что сделал все в разумных пределах, чтобы восстановить отношения с моим оппонентом, чтобы теперь обсуждать несправедливость, с которой я столкнулся.

Исповедание веры

Как и в земном суде, важно, чтобы ваша личность была подтверждена. Вот почему вы исповедуете свою веру; чтобы все в суде знали, кто вы и каково ваше положение. Вы также берете на себя ответственность за беззакония и грехи своих предков. Вы действуете от их имени как священник. Это помешает сатане использовать грехи ваших предков в качестве основания, чтобы сказать, что вы не можете быть допущены к суду. Когда вы заявляете об этом исповедании веры, вы одновременно устраняете любые клятвы или заветы, которые были заключены или взяты на себя вашими предками.

Небесный Судья, я (полное имя) признаю, что Иисус Христос из Назарета пришел во плоти. Я признаю, что Он умер на кресте и что Он пролил Свою кровь ради спасения моей души. Я признаю, что Ваш Сын воскрес из мертвых и теперь стоит рядом со мной, чтобы ходатайствовать за меня. Я признаю, что этот Иисус есть Христос и мой Господь.

Небесный Судья, я прошу Вас судить меня по Вашему совершенному Закону, Торе. Я признаю, что я несу ответственность за каждое преступление, грех и неправду, которые я совершил. Я также исповедую беззакония, грехи и преступления моих предков. Я беру на себя ответственность за действия предков и последствия этих действий.

Я нахожусь во Христе. Я умер на кресте с Ним. Я прошу Вас возложить любое наказание за мои грехи на Христа, умершего там, на кресте. Я прошу прощения за все эти проступки, грехи и беззакония, на основании жертвы Иисуса Христа на кресте и крови Агнца, пролитой за меня. Я прошу Вас судить всех, кто участвует в этом судебном заседании, таким же образом.

Заявление о вашем мандате

В ходе подготовки вашего дела, вы определили мандат, выданный вам для представления конкретно этого дела Небесному Судье. Вы излагаете суть своего делао несправедливости, которую вы пережили, или же вы уполномочены кем-то другим ходатайствовать об этом другом человеке. Свой мандат и полномочия вы определили еще до начала суда. И конечно, человек, который попросил вас представлять его в небесном суде, должен иметь полномочия на эту просьбу.

Небесный Судья, основываясь на судьбе, которую Вы дали мне, или на власти, данной мне, я заявляю, что я уполномочен представить это дело перед Вами и ходатайствовать о нем. Небесный Судья, Вы дали мне задание выполнить мое предназначение на земле. Я заявляю, что сатана препятствует мне в исполнении судьбы, соответствующей Вашей воле.

Простите и получите прощение

На этапе подготовки вы описали несправедливость, которая была совершена по отношению к вам. Настал момент подробно попросить прощение за ту роль, которую вы сыграли в этом конфликте. Вы прощаете тех, кто причинил вам боль. Вы произносите благословение над их жизнью. Если с вами поступила несправедливо какая-либо организация, простите тех, кто виноват. Не позволяйте горькому корню вырасти в вашем сердце. Отзовите негативные слова, произнесенные вами в гневе или разочаровании.

Я прощаю тех, кто причинил мне боль. Мой выбор - отказаться от горечи и сделать все возможное, чтобы восстановить отношения. Я отменяю любые негативные слова, которые я произнес о своем оппоненте в гневе или разочаровании. Я прошу, чтобы эти слова были вычеркнуты кровью Агнца из любой книги, где бы они ни были записаны.

Я прошу прощения за ту роль, которую я сыграл в этом конфликте с моим оппонентом. (Укажите, в чем именно вы виноваты.)

Я прошу прощения у любого человека, который пострадал каким-либо образом. Я прошу возместить ущерб, нанесенный этим людям в результате того, что я сделал или сказал.

Ходатайство

На основании несправедливости, совершенной против вас, вы уполномочены выдвинуть обвинения перед Небесным Судьей против вашего оппонента. Вы имеете право потребовать компенсацию за любые понесенные вами убытки или ущерб. Просите о восстановлении вашей судьбы и всего, что было незаконно у вас украдено. Небесный Судья примет окончательное решение о законности ваших требований.

Во время этого ходатайства вы объясняете, какая несправедливость была совершена по отношению к вам. Вы называете факты, представляете доказательства и рассказываете Судье, какую потерю вы понесли. Затем вы объясняете, кто, по вашему мнению, несет за это ответственность. Не забывайте, что вы обращаетесь только к Небесному Судье; вы не разговариваете с другими присутствующими сторонами.

Старайтесь говорить как можно более конкретно, но избегайте длинных историй. Пусть ваше ходатайство будет обосновано Словом Божьим. Пусть Слово поможет не только описать несправедливость, но и поддержать ваши требования о компенсации. Используйте заметки, написанные при выполнении заданий в предыдущих главах.

Небесный Судья, я выдвигаю обвинения против (назовите лица / организации), которые поступили со мной несправедливо. Я прошу Вас судить их так же, как судите меня. Небесный Судья, я прошу, согласно моему признанию, чтобы Вы отказали моим оппонентам в любых законных правах препятствовать мне в реализации моей судьбы.

Небесный Судья, я охотно отказываюсь от любого преимущества, которое я или мои предки получили в результате любого завета, заключенного с силами тьмы. Я прошу, чтобы любой завет, заключенный между силами тьмы и моей родословной, был расторгнут. Я отказываюсь от любых претензий сатаны на мою жизнь и на мою родословную.

Небесный Судья, я прошу составить документы о расторжении, и я прошу Вас подписать их, чтобы они могли быть исполнены. Я требую, чтобы любая печать, которую любой враг или противник поставил на моем свитке, была снята, чтобы мой свиток можно было открыть и прочитать.

Небесный Судья, я прошу о надлежащей компенсации за любой ущерб или убытки, которые эти несправедливости причинили в моей жизни.

Когда вы просите компенсацию, укажите, какую именно компенсацию вы хотите. Например, вы можете сказать, что ваши оппоненты должны выполнить данные ими обещания, такие как освобождение, исцеление или восстановление. Будьте осторожны, пусть ваши требования исходят не из ваших плотских желаний, а соответствуют воле Божьей для вашей жизни. Божью волю нетрудно понять. Он желает того, что благо, угодно и совершенно подходит для вашей жизни[138]. Назовите граничные камни, которые вы хотите разместить, чтобы снизить власть сатаны над вашей жизнью[139].

Завершите свою молитву, благословив тех, кто выступал против вас в этом деле. Провозгласите, что они также осознáют данную им Богом судьбу. Попросите, чтобы все, что им принадлежит, очистилось кровью Агнца.

138 Римлянам 12:2

139 Страница 50

Свидетельские показания и доказательства

Как и в земном суде, каждая сторона будет допущена до прений. Вашему оппоненту разрешается представить свое заявление в зале суда, чтобы также изложить свою точку зрения. Попросите своих друзей, которые участвуют с вами в этой молитве, записать то, что они пережили или восприняли.

> Небесный Судья, я прошу Вас позволить моему оппоненту представить свое ходатайство. Я также прошу Вас предоставить свидетелям возможность дать показания. Прошу предъявить в зале суда любые скрытые или публичные обвинения в мой адрес. Я также прошу представить любые доказательства.
> Небесный Судья, я прошу Вас показать мне, какие обвинения против меня имеют законное основание. Я беру на себя ответственность за все, в чем меня обвиняют, и признаю это в Вашем присутствии.

Потратьте на это необходимое время.

> Я призываю кровь Агнца, чтобы получить прощение за все мои грехи.
> Небесный Судья, я прошу Вас кровью Агнца уничтожить все доказательства, представленные против меня. Я постановляю и заявляю, что Иисус Христос победил всех моих врагов. Поскольку я распят со Христом, я тоже победил всех своих врагов.

Приговор Судьи

После того, как вы выдвинули обвинения против своего оппонента перед Судьей, вы просите Его вынести приговор и удоволетворить ваши требования. Попросите тех, кто молится с вами, рассказать вам, что они слышат и видят в зале суда. После того, как вы получили письменный приговор Небесного Судьи, вам нужно записать этот приговор. Вы также можете записать любое пророческое откровение, которое получат ваши друзья, но важно записать приговор Судьи.

Небесный Судья, я прошу Вас вынести вердикт в отношении меня по обвинениям, которые я предъявил суду. Я прошу Вас удовлетворить мои требования. Я также прошу Вас передать мне приговор и документы о расторжении, которые к нему прилагаются. Благодарю Вас, Небесный Судья, что Вы судите по справедливости. Верою я получаю Ваш приговор вместе с документами о расторжении.

Запишите без спешки любые ощущения, которые вы и ваши друзья получаете. Пусть каждый, кто молится с вами, скажет вам, что он чувствует в зале суда. Это важный шаг, потому что приговор Судьи обязателен для всех сторон. Спросите Святого Духа, хочет ли Он помочь вам услышать и понять голос Судьи.

Завершение судебного заседания

После того, как вы получили приговор Небесного Судьи, пришло время закрыть это судебное заседание. Поэтому вы просите Небесного Судью закрыть это заседание и благословить всех, кто присутствует на этом заседании.

Небесный Судья, я благодарю Вас за Вашу благость и милость. Благодарю Вас, что Вы вершите праведный суд по слову Вашему. Славлю имя Ваше и чту Вас. Господь Иисус, Ты достоин принять всю власть, богатство, мудрость, силу, честь, славу и благодарность во веки веков. Святой Дух, я благодарю Тебя за то, что Ты помог мне в этом судебном деле всей мудростью и советом.

Небесный Судья, я прошу Вас о руководстве Святого Духа и Семи Духов Божьих, чтобы иметь возможность исполнить письменный приговор. Я прошу разрешения выслать Небесные Воинства от моего имени, чтобы исполнить письменное решение.

Небесный Судья, прошу Вас завершить это судебное заседание. Я заявляю, что я участвовал в этом заседании под властью Иисуса Христа и что после этого суда я нахожусь под Его защитой.

15

Выполнение письменного решения

Поздравляем! Вы только что завершили свой первый небесный суд. Имейте в виду, ваш Небесный Отец очень ждал этого момента. Он желает быть благим к вам, Он желает вам мира. Он страстно желает ходить с вами и видеть, как вы реализуете свои мечты.

У вас есть письменный приговор по вашему первому судебному делу. Закрепите успех! Весь процесс, через который вы только что прошли - это большой вызов для вашей веры. Чем чаще вы будете появляться в небесных судах, тем больше вы будете воспринимать, что там происходит, потому что вы нарабатываете соответствующий опыт. Любое новое занятие требует практики и знаний, поэтому я советую вам прочитать что-то дополнительно о работе судов небесных.

Как я уже говорил, важно развивать способность воспринимать духовный мир. Постарайтесь использовать на практике ваши духовные органы чувств. Найдите программу обучения или зарегистрируйтесь на портале NEST. Это трехлетняя учебная программа, где вы узнаете, как осуществлять деятельность в духовном мире в качестве зрелого чада Божьего[140]. Вы также можете стать студентом в Академии Aactev8. Там вы узнаете, что Отец приготовил для нас с момента основания мира[141].

Что же делать после окончания суда? Прежде всего, поблагодарите Небесного Судью за то, что он даровал вам правосудие и оправдал вас. Вы убеждены, что Он хочет для вас только лучшего. Это то, что Иисус обещал нам об Отце[142].

Бог желает благословить вас самым лучшим, что есть у неба для вас. Он желает, чтобы вы выполнили свое предназначение, и Он жаждет помочь вам в этом.

Я понимаю, истолковать приговор Небесного Судьи правильным образом – задача непростая. Это может быть так же трудно, как понять, что говорит Бог лично вам.

---

140 Для получения дополнительной информации см. http:// www.thefoundationnest.com (программа завершена – прим. пер.)

141 Для получения дополнительной информации см. http:// www.aactev8.com/start

142 Матфея 7:11

Хотя, находясь на суде, вы и сможете сказать слова ободрения кому-то другому, но интенсивность ваших эмоций и мыслей может осложнять правильное слышание голоса Божьего. В голове возникает масса вопросов. Я правильно это услышал? Или это мои собственные желания? Я действительно получил то, что просил?

Все это - правомерные вопросы. Именно по этой причине я хочу дать вам кое-что еще. После получения приговора Судьи, его необходимо записать как можно скорее. Вот почему так важно, чтобы вам помогал кто-то из друзей, особенно когда вы делаете это впервые. Ваши друзья, возможно, лучше поймут и прочувствуют, что на самом деле говорит Отец, а что - ваши собственные мысли и эмоции.

Поэтому записать приговор — это важное действие, это библейский принцип. Каждое решение, которое Бог принято Богом на престоле, называется Царским указом. У нас в Нидерландах ровно такая же ситуация. Наш парламент может принять любой закон, но закон становится официальным только после того, как его подпишет король. Закон не имеет юридической силы до момента подписания.

Вот почему так важно знать, что записано в решении Совета. Решения Совета Господня должны быть исполнены на земле, но это не происходит само по себе.

Позвольте мне привести пример из Писания. Все мы знаем содержание молитвы Господней. Это молитва, которой Иисус научил Своих учеников, когда они спросили Его, как они должны молиться. (По идее, она должна называться не «Молитвой Господней», а «Молитвой ученической»).

> *Он сказал им: когда молитесь, говорите: «Отче наш, сущий на небесах! да святится имя Твоё; да приидет Царствие Твоё; да будет воля Твоя и на земле, как на небе;*

> *Луки 11:2*

Иисус сказал им, что воля Божья уже исполняется на небесах, а задача учеников - обеспечить исполнение воли Божьей на земле. Воля Божья записана в Царском указе и подписана Им. Библия называет эту волю советом Господним. Тем не менее, этот совет должен прийти на землю, чтобы быть исполненным по факту (а не только юридически). Пожалуйста, внимательно прочитайте; существует различие между советом Господним как Царским указом, и Советом Господа. Во втором случае имеется в виду Бейт-Дин над всем творением.

Видение Даниила

Мы читаем в книге Даниила 10-й главе, что Даниилу открывается слово о великой битве. Даниил понял это слово и обрел понимание своего видения. Он решил поститься три недели ради спасения своего народа. По окончании трех недель к нему явился ангел с вестью от престола. Этот ангел был послан в тот момент, когда Даниил начал молиться за свой народ, но путь ангела на землю был сильно затруднен. Пока весть не дошла до земли, Божья воля не могла быть здесь исполнена. В итоге мы видим, что этот ангел нес книгу для Даниила.

> *Впрочем, я возвещу тебе, что начертано в истинном писании; и нет никого, кто поддерживал бы меня в том, кроме Михаила, князя вашего.*

Даниил 10:21

Даниил теперь глубже понимает будущее своего народа. Но он также получает приказ запечатать только что услышанные слова. Как ему это сделать? Он делает это, запечатывая книгу до конца времен. Пока книга запечатана, ее содержание остается тайной.

В книге Откровение мы наблюдаем тот же принцип. Иоанн был на небесах и увидел свиток, запечатанный семью печатями. Был громкий голос, провозглашающий, достоин ли кто-нибудь снять печати с этого свитка. Иоанн много плакал, потому что не было никого на небе, на земле или под землей, кто был бы достоин открыть книгу и прочитать или увидеть ее содержимое.

Вы когда-нибудь задумывались, почему Иоанн так много плакал? Ответ может вас удивить. Пока свиток закрыт, никто не может прочитать его содержимое. Это означает, что любой совет Господа и любая судьба, написанная в этом свитке, не могут законодательно быть установлены на земле. Вот почему так важно, чтобы книги были открыты и было отдано распоряжение об их исполнении - тогда содержимое свитка имеет силу закона. Если никто не может прочитать совет Небесного Судьи, демоны беспрепятственно творят зло на земле.

Враг яростно сопротивляется раскрытию советов Господних, потому что каждый совет, который выполняется на земле, является прямым актом войны в его владениях. Каждое дитя Божье, оправданное Судьей Небесным, нанесет сокрушительное поражение врагу. Когда Божьи дети исполняют свою судьбу, небеса радуются, потому что именно так Божьи дела становятся видимыми на земле.

Итак, вы получили приговор, подписанный Небесным Судьей. Этот совет Господа содержит все решения по требованиям иска, которые вы выдвинули на суде. Вы должны были получить ответ на любое свое требование. Теперь вам предстоит принести эту волю Божию на землю и исполнить ее содержание.

Принесения свитка на землю

Пророку Захарии было видение, в котором он увидел летящий свиток. Да, вы правильно прочитали: летящий свиток. Господь объяснил Захарии, что этот свиток содержал указ от престола и приговор неправедным. Это было решение, принятое на небесах о ворах и клятвопреступниках на земле.

Из этого видения мы можем узнать, что советы Господа приходят на землю как летящие свитки. Такой свиток получает силу закона только тогда, когда на земле есть тот, кто знает, что в нем написано, и впоследствии провозглашает это. Таково назначение всех пророческих книг в Библии; описать и провозгласить видения, которые пророк получил на небесах. Это единственный способ дать этим советам Господа силу закона.

> *Ибо Господь Бог ничего не делает, не открыв Своей тайны рабам Своим, пророкам. Лев начал рыкать — кто не содрогнётся? Господь Бог сказал — кто не будет пророчествовать?*

> *Амос 3:7-8*

Приведу личный пример. Чтобы кадет стал офицером Королевского голландского флота, король должен подписать королевский указ. То же самое относится к каждому повышению звания в военно-морском флоте. Когда вы закончите офицерское училище, весь класс может быть приведен к присяге в одну и ту же фиксированную дату. Но хотя все знают, что вы получили звание в этот день, вам все равно придется ждать, пока король не подпишет королевский указ.

Пока этот королевский указ не подписан королем, вы не имеете права носить знаки отличия своего ранга. Только после того, как королевский указ будет передан вам вашим командиром, вам разрешается носить знаки отличия. Именно тогда вы получаете власть, полномочия и юрисдикцию, соответствующие вашему званию.

То же самое относится и к приговору небесного суда. Даже если все знают, что в нем написано, вы можете действовать в соответствии с ним только после того, как объявите письменный приговор на земле. Так случилось с Захарией и Даниилом. Указы Небесного Судьи начали действовать только после того, как их провозгласили на земле.

Наше назначение

Что же делать теперь со всей этой информацией? Надеюсь, вы понимаете, почему важно записать приговор с небес. В ваших руках совет Господень. Этот указ имеет получает закона, когда вы используете свои полномочия для раскрытия его содержания. Нет никакой силы тьмы, которая могла бы помешать вам это сделать, если вы применяете власть. Возможно, именно это имел в виду Иисус, когда сказал:

Я говорю то, что видел у Отца Моего; а вы делаете то, что видели у отца вашего.

Иоанна 8:38

Мы обращаемся в небесный суд, если кто-то поступил с нами несправедливо. Мы просим Бога защитить нас и даровать нам правосудие. Далее, принимая письменный приговор, мы получаем то, о чем просили. Но в задачу судьи не входит приведение приговора в исполнение. То же самое происходит и на Земле.

Вот вам пример. В моем районе было большое пустующее здание. Рано или поздно нашлись сквоттеры (самозахватчики), которые заняли этот дом. Они впоследствии наделали много бед, начали заниматься преступной деятельностью.

Конечно, собственник этого здания был очень недоволен. Во-первых, он не мог продать свое имущество, плюс сквоттеры нанесли дому большой ущерб. Но в Нидерландах собственнику не разрешается выставить злоумышленников на улицу, даже доступ к дому получен незаконно. Полиция также не могла помочь владельцу, потому что у них не было информации - возможно, владелец заключил договор со сквоттерами, а теперь просто хочет их выгнать.

Поэтому владельцу пришлось сначала обратиться в суд, прежде чем он смог освободиться от непрошенных гостей в своем здании. Он должен был получить решение суда о незаконном посягательстве на его собственность. Он должен был доказать в суде, что сквоттеры незаконно получили доступ к его имуществу и что никакого договора с ними заключено не было. Он также должен был потребовать принудительно выселить их из здания, а также, чтобы эти самозахватчики заплатили за нанесенный ими ущерб. В данном случае судья вынес решение в его пользу. В приговоре было сказано, что захват имущества был неправомерным, и захватчикам предписывалось выселиться из дома. Владелец получил это решение на руки.

Теперь он был очень доволен и отправился к своему зданию. Он встал перед зданием и стал размахивать решением суда. И сквоттеры немедленно послушались, привели все в порядок и быстро выехали (конечно же нет). Захватчики не сдвинулись с места, и на место прибыла полиция. Сквоттеров не волновало решение суда, потому что они не признавали его власть и полномочия.

Но к счастью для владельца, у нас есть исполнительная юридическая власть - полиция. Команда спецназа вошла в здание и очистила его в течение 30 минут. Теперь выселение состоялось. Сопротивление сквоттеров было сломлено, потому что пришла в действие законная исполнительная власть, имеющая полномочия применить силу, чтобы удалить захватчиков из здания.

Воинства небес

Нам всем знаком путь, которым должен был пройти владелец, чтобы вернуть свою собственность. Если кто-то поступил с тобой несправедливо, ты обращаешься в суд и получаешь решение Судьи на небесах.

Но что потом? Бывает, ничего и не меняется. В таком случае, вы можете попросить исполнительные силы небес помочь вам. Подключается воинство Господне, воинство небесное. Они с радостью помогут вам в исполнении приговора. Мы видим это и в видении летящего свитка.

«Я навел проклятие», - говорит Господь Саваоф.

Захария 5:4

В этом месте Писания утверждается, что приговор выносит Сам Господь Воинств. Это означает, что небесные воинства буду участвовать в исполнении приговора. Вы можете обратиться к этому воинству небесных существ. Армия Господа высылается нам в помощь, чтобы покорить врага на земле. Я объясню это стихом из Послания к Евреям.

Кому когда из Ангелов сказал Бог: «седи одесную Меня, доколе положу врагов Твоих в подножие ног Твоих»? Не все ли они суть служебные духи, посылаемые на служение для тех, которые имеют наследовать спасение?

Евреям 1:13-14

Никто из ангелов никогда не слыхивал, что им разрешено сидеть по правую руку Всемогущего. Эти слова были сказаны Сыну, в них содержится и обетование, и задание. Обетование состоит в том, что все враги Мессии должны стать подножием Его ног. Мы уже усвоили, что земля — это подножие Его ног. Таким образом, место, где Его враги покорены Им — это земля. Задание исполнить это обетование дано нам, церкви, но важную роль в нем играют воинства небесные. Они отправлены престолом на землю, чтобы помогать святым исполнить свою миссию.

Армии Господни помогают нам исполнить советы Господа на земле. Но они ждут первого шага от нас. Инициатива в наших руках; мы - сыны живого Бога. Мы должны принять эти советы Господа и провозгласить их на земле.

Это напоминает обязанности судебного пристава. Пристав получает решение суда и приходит с судебным приказом. На этом приказе черным по белому написано: ИМЕНЕМ ЦАРЯ. Затем мы зачитываем приговор судьи, который подлежит исполнению.

В Псалме 149 мы читаем, что Бог дал нам право производить суды Его писанные. Именно это делает нам честь: сделать Его врагов подножием для Его ног.

Для того, чтобы совершать мщение над народами, наказание над племенами, заключать царей их в узы и вельмож их в оковы железные, производить над ними суд писанный. Честь сия — всем святым Его. Аллилуия!

Псалтирь 149:7-9

Бог наделил нас властью и поручил нам провозглашать советы Господа на земле. В тот момент, когда мы кричим: «ИМЕНЕМ ЦАРЯ!», всякая сила тьмы сотрясается. Это происходит не только из-за постановления суда, но и из-за могущественных небесных воинств, которые сопровождают нас. Они обеспечат надлежащее исполнение советов Господа на земле.

Так власть Царства Небесного приходит в действие. Римский сотник совершенно точно знал этот принцип, прийдя к Иисусу просить об исцелении своего слуги. Он имел людей в подчинении и очень хорошо понимал, что Иисус обладает схожими полномочиями.

> *Господи! слуга мой лежит дома в расслаблении и жестоко страдает. Иисус говорит ему: Я приду и исцелю его. Сотник же, отвечая, сказал: Господи! я недостоин, чтобы Ты вошёл под кров мой, но скажи только слово, и выздоровеет слуга мой;*

> *ибо я и подвластный человек, но, имея у себя в подчинении воинов, говорю одному: «пойди», и идёт; и другому: «приди», и приходит; и слуге моему: «сделай то», и делает. Услышав сие, Иисус удивился и сказал идущим за Ним: истинно говорю вам, и в Израиле не нашёл Я такой веры.*

> *Матфея 8:6-10*

В тот самый момент, когда вы получили письменное решение Судьи, единственное, что вам нужно сделать, это провозгласить этот совет Господа на земле. Поскольку вы представили свой иск в небесных судах, вы уполномочены проводить в жизнь праведность и правосудие на земле.

Как это сделать? Провозгласить письменное решение. Такую власть нельзя получить верой или своей праведностью, она уходит корнями в царственность нашего Бога. Его царство — это вечное царство. Жезл царствия Божьего, символ Его власти и могущества, является жезлом праведности.

> *А о Сыне: «престол Твой, Боже, в век века; жезл царствия Твоего — жезл правоты. Ты возлюбил правду и возненавидел беззаконие, посему помазал Тебя, Боже, Бог Твой елеем радости более соучастников Твоих».*

> *Евреям 1:8-9*

Знайте, что Бог призвал нас царствовать с Ним в качестве царей. Он дает нам полномочия сидеть за судейским столом, судить и выносить приговор. Тогда мы сможем своими глазами различать добро и зло.

Заключение

С великим дерзновением давайте же займем то звание, которое Христос приготовил для нас. Давайте приступим к действиям и представим наш иск перед Небесным Судьей, чтобы разобраться с несправедливостью, совершенной по отношению к нам.

Творение подавлено ужасом, наведенным врагом. Оно ждет своего искупления. Оно ожидает откровения сынов и дочерей Божьих. Нам, сыновьям и дочерям Бога Живого, надлежит исполнять волю Божию на земле, ходатайствовать о праведности и возвещать суды Бога нашего.

Поэтому возьмите суд Небесного Судьи. Провозгласите и утвердите замысел престола и скажите своим врагам:

«ИМЕНЕМ ЦАРЯ!»

Послесловие

Уже несколько месяцев райские улицы просто гудят от волнения. Все говорят только об одном. Явятся ли, наконец, перед Ним святые Всевышнего? Ангелы устремляются в большой зал. За эти последние минуты так много нужно сделать. Некоторые готовят банкетный зал. Там сыновья Всевышнего Бога будут вечерять с Ним после церемонии.

Ожиданием наэлектризована атмосфера в величественном зале суда. Все готово. Готовятся престолы, свидетели занимают свои места. Представители всех языков, племен и народов сидят на местах для публики, облаченные в прекрасные белые одежды. Писцы бешено трудятся, готовя все книги. Может быть, князь тьмы, обвинитель братьев, сделает еще одно ложное заявление.

Время ожидания почти прошло. Все так рады, что желание Отца наконец исполнится. Даже Сын Всевышнего очень взволнован. Это тот момент, которого ждало все творение: все враги Мессии стали подножием Его ног.

Князь тьмы уже несколько недель в панике, зная, что его конец наступил. Он, как и ожидалось, открыл чемоданчик с хитрыми приемами. Все религиозные духи работают сверхурочно, стараясь запутать церковь в эти последние моменты. Из-за их деятельности хэштег #покаживписании? находится на вершине чартов Твиттера. Лживые духи шепчут на ухо святым всевозможные истории: «Ты попадаешь на небеса только после смерти. У тебя нет никакой власти на земле. Ты не уполномочен судить ангелов. Ты никогда не выполнишь свою судьбу. Только восхищение церкви положит конец вашим страданиям. Земля станет ужасным местом перед Его возвращением».

Распространяется все больше лжи, и каждое новостное издание стало сайтом фейковых новостей. Социальные сети сходят с ума от всей этой лжи и обвинений.

Но в конце концов торжествует Дух Всевышнего. Он убеждает детей Божьих, что они имеют право ходатайствовать перед престолом Божьим. Время восстановления настало; время, когда святые получат царство, настало. Старые обетования наконец-то будут выполнены.

Книги, запечатанные Даниилом и Иоанном, будет наконец-то прочитаны святыми на земле. Волны счастья и радости наполняют землю. Святые знают, что дверь на небеса открыта.

Вдруг начинают звучать шофары. Все встают. Дверь величественного зала медленно открывается. Свет исходит от земли и начинает проникать на небеса. Сначала их появляется несколько, но вскоре последуют больше и больше. Целое море света входит в великий Совет Господа потоком. И вот, являются сыновья и дочери Господа.

Одного за другим архангелы провожают внутрь, и они занимают свои места. У Сына Всевышнего на лице сияет широчайшая улыбка. Он вне Себя от радости.

Затем, после прибытия всех, двери закрываются. Все успокаиваются и встают почтить вход Верховного Судьи. За великим белым престолом открывается еще одна дверь. Ошеломительный чистый свет, цветов больше, в радуге, танцует в зале. Под престолом начинает двигаться море огня. Глашатай бьет жезлом в пол и провозглашает громким голосом: «Ветхий днями, Судья всей Земли, Царь всего творения».

Все прославляют Царя Славы. Некоторые плачут от радости. В большой зал входит Ветхий Днями, сияющий, как солнце. Он садится на Свой славный престол, и все садятся. Проходит некоторое время, прежде чем все успокоятся, но Он наслаждается каждым моментом.

Заседание суда начинается. Один за другим святые дают свои показания. Исполненные огня, они провозглашают победы, одержанные над врагами Всевышнего Бога. Они просят Судью защитить их и отомстить за их кровь.

Князь тьмы тревожится все больше и больше. В его глазах виден страх. Его владения рушатся. Его власть попрана. Его слуги один за другим получают приказ явиться в величественный зал суда.

«На колени!» святые Божьи приказывают им в унисон. Их голоса подобны грому, как звук трубы, грохочущей по всему творению. Там, перед престолом Агнца, все слуги князя тьмы преклоняют колени и исповедуют, что Иисус Христос - Господь. Они признают, что вся власть, вся честь и вся сила принадлежат Ему!

Земля радуется. Наконец - свобода! Небеса взволнованы. Звезды танцуют от радости. Такого не было с того дня, когда Бог сказал: «Да будет Свет!»

Наконец, сыновья и дочери Божьи открываются в своей славе. Царство и власть даны святым Всевышнего.

Творение выходит из комы. Город за городом, район за районом, нация за нацией, каждый континент избавлен от удушающего господства князя тьмы.

И это - только начало. Царство Всевышнего будет дано всем Его святым. Они получают власть, которую Адам потерял в саду. Это награда, которую они так долго ждали. Вся вселенная будет восстановлена.

Выносится все больше судебных решений. В конце концов, князь тьмы оказывается совершенно один перед престолом Ветхого Дней. Река огня поглотила его. Колеса под престолом интенсивно пылают.

Затем князя тьмы судят вместе со смертью и адом. Владычество лукавого окончательно низвержено; человечество и творение празднуют свое освобождение. Князь тьмы, смерть и ад отправлены в бездну. Все исполняются радости, когда ад, наконец, получает свое вечное наказание.

Ветхий Днями завершает судебное заседание. Все аплодируют так громко, что даже черные дыры во Вселенной оживают и начинают сиять. Начинается пир. Пришло время свадебного пира Агнца.

> *Затем воссядут судьи*
> *и отнимут у него власть*
> *губить и истреблять до конца. Царство же и власть*
> *и величие царственное во всей поднебесной дано будет*
> *народу святых Всевышнего,*
> *Которого царство — царство вечное,*
> *и все властители будут служить и повиноваться Ему».*

Даниил 7:26-27

Объявление о царствовании Мессии

Псалом Давида.

*Сказал Господь Господу моему: седи одесную Меня,
доколе положу врагов Твоих в подножие ног Твоих.*

*Жезл силы Твоей пошлёт Господь с Сиона: господствуй
среди врагов Твоих.*

В день силы Твоей народ Твой готов

*во благолепии святыни; из чрева прежде денницы подобно
росе рождение Твоё.*

Клялся Господь и не раскается:

*Ты священник вовек
по чину Мелхиседека.*

*Господь одесную Тебя.
Он в день гнева Своего поразит царей;*

*совершит суд над народами,
наполнит землю трупами,
сокрушит голову в земле обширной.*

Из потока на пути будет пить, и потому вознесёт главу.

Псалом 109

Благодарность

Прежде всего, я хочу поблагодарить Бога Отца, Сына и Святого Духа за Их поддержку, понимание и сверхъестественную силу, данную Ими для этой книги.

Отец мой, Ты также мой Судья. Стоять перед Тобой - привилегия для меня. Иисус Христос, Ты мой Адвокат, мой замечательный Советник: Ты ходатайствуешь обо мне в зале суда. Святой Дух, Ты - Помощник рядом со мной. Для меня большая честь иметь такого Наставника, как Ты.

Я благодарю семь Духов Божьих. Они мои Учителя. Они поддерживают меня и помогают мне. Вы говорите мне: «вот путь, иди по нему».

Я благодарю Ноортье, мою любящую жену, за вдохновение, свободу, любовь и поддержку, которые ты даешь мне в жизни. Ты - солнечный свет моей жизни.

Я благодарю Дика и Арлин за долгие годы дружбы. Знать вас - большая честь.

Я благодарю Арьяна, Мейндера и Мари-Терезу, а также Питера за их прицельные вопросы. Вы сделали эту книгу острее обоюдоострого меча.

Благодарю Свена за прекрасное предисловие, где он свидетельствует, что суды небесные оправдывают нас.

Я благодарю Джона и Беверли за их рекомендации. Некоторые встречи и знакомства бывают устроены небесами. Это - одна из таких встреч.

Я благодарю Руса, Джима и Диану за профессиональную помощь в редактировании этой книги. То, что вы вложили в нее - бесценно.

Я благодарю Аннеке. Вы тщательно просмотрели рукопись, повысили ее качество. Ваша точность была беспрецедентна.

Я благодарю своих друзей за все те годы, что они продолжают верить в меня. Без ваших молитв и пророческих ободрений эта книга не состоялась бы.

Я благодарю Иэна Клейтона и доктора Адонию Обоннайю за ту подготовку, которую вы помогли нам пройти. Ваши самоотверженные усилия сделают совершенными многих сыновей.

Рекомендуемая литература

Рабочая тетрадь «Суды небесные для новичков» Рональд Монтейн Издательство «Сеферим»

Эта книга является дополнением к основной книге. Она поможет вам подготовить свое судебное дело и представить его небесному Судье.

В тетради предусмотрено достаточно места для работы над заданиями из издания в мягкой обложке.

Вы можете вносить собственные дополнительные заметки и получить разрешение на копирование тетради, как только вы приобретете один экземпляр.

В тетради приведен список мест Писания для углубленного изучения этой темы.

«Миры Царства», Том 1 Иэн Клейтон

Издательство Seraph Creative

Книга «Миры Царства» поможет верующему войти в реальность пребывания «в духе» и находиться в мирах Божьих. Это, в свою очередь, позволит ему узнать и пережить личность Божества в реальности. Книга станет ценным источником знаний для активного общения и познания Бога-Отца, а не только выполнения каких-либо дел для Него.

Эта книга для тех, кто хочет увидеть реальность сверхъестественных миров Небес, хочет вернуться сыном Царства на свое законное место в качестве наследника.

Второе издание тома 1 поможет вам понять путь, проделанный Иэном в небесных мирах. Книга содержит духовные шаги и молитвенные активации, которые помогут вам понять, пережить и, далее, входить в эти миры самостоятельно.

Содержание: Эдем, Река, Облако мрака, Судный зал Божий, Семь духов Божьих, Духовные/душевные врата, Духовные венцы и Использование Слова в качестве входной двери.

Иэн Клейтон является основателем служения Son of Thunder Ministries. Он выступает по всему миру, проводит обучение и подготовку верующих, помогает им лично пережить миры Небес.

Иэн Клейтон - один из отцов сегодняшнего представления о мирах Небесных. Его оригинальное, новаторское учение и практические идеи, полученные за последние 25 лет, изменили то, как наше поколение получает доступ к мирам Небесным, открытый нам Иисусом.

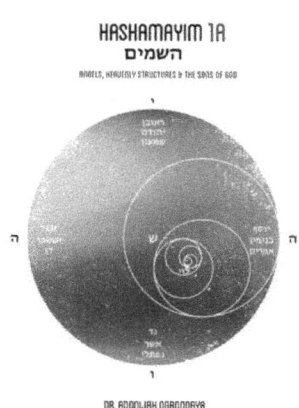

Ха-Шамаим 1А: Ангелы, Небесные Структуры и Сыны Божьи

Д-р А. Обоннайя

Издательство Aactev8 International

Если верующий рожден свыше, разве не будет логично ему приходить туда так часто, как он или она хочет или может? Если верующий посажен на небесах, разве это не вызывает необходимость понять, как выглядят небеса?

В свое время, еще в начале моего жизненного пути с Иисусом, я начал задаваться вопросами о том, как устроен рай. Еще мне очень хотелось подобрать нужные слова для пересказа своих переживаний. Личность Иисуса, Который стал путем для нас и дверью в миры небесные, дала мне возможность посещать небеса и накопить опыт, описанный здесь.

Я считаю, важнейшей целью пришествия Иисуса в мир было открытие врат и двери в небесный мир, как для меня, так и для всего человечества. Истинное послание христианства заключается в том, что дверь в небеса открыта для всех, кто сделал свой выбор и поверил в Мессию, которого Бог послал в Личности Иешуа (Иисуса) Ха-Машиаха (Христа).

На проделанном мной пути исследований о том, кто я есть в Отце через Сына, Иисуса Христа, у меня было много переживаний, изучение и анализ которых скорее вызывали еще более острые вопросы вместо того, чтобы дать окончательный ответ на неразрешимые духовные вопросы.

Поэтому вместо предоставления исчерпывающего ответа на ваши вопросы о небесах, я надеюсь, эта книга побудит вас задавать еще больше вопросов, а затем, восходить на небеса и исследовать Писание, чтобы узнать, что Отец приготовил для нас, своих чад.

SeraphCreative
Heaven's Heart for Earth

Seraph Creative - это коллектив художников, писателей, теологов и иллюстраторов, которые помогают телу Христову достичь совершенства, воспользоваться своим наследием Сынов Божьих на земле.

Подпишитесь на нашу рассылку, чтобы узнать о выходе следующей книги в этой серии, а также о других публикациях.

Посетите наш веб-сайт:

www.seraphcreative.org

www.ingramcontent.com/pod-product-compliance
Lightning Source LLC
Chambersburg PA
CBHW051152120626
46547CB00012B/1051